U0092291

大肩膀城市
芝加哥

非馬 著

CHICAGO

目次

大肩膀城市的大詩人

桑德堡詩集〈蜜與鹽〉封面

一提到大肩膀，人們自然而然地會想到美國早期工業與交通樞紐的芝加哥。這城市裡粗獷、強壯、勤勞、滿臉黑灰、雙手油污的人們，被芝加哥的詩人桑德堡（1878-1967）以「大肩膀」這個形象，完美地定格在他那首〈芝加哥〉的名詩裡：

　　　　世界的豬屠夫，
　　　　工具製造者，小麥堆垛工，
　　　　玩鐵路的好手，全國貨運管理員；
　　　　粗暴的，結實的，愛爭吵的，
　　　　大肩膀的城市：

　　　　他們告訴我你邪惡而我相信他們，因為我
　　　　曾見到你塗脂抹粉的女人在煤氣燈下
　　　　勾引農家少年。
　　　　他們還告訴我你腐敗而我回答：是，沒錯，
　　　　我曾見過槍手殺了人卻逍遙法外
　　　　又去殺人。
　　　　他們還告訴我你冷酷而我答覆：在
　　　　婦女及兒童臉上我見過饑餓
　　　　肆虐的痕迹。

在回答了這些之後我再度轉向那些譏笑
我這個城市的人，報以譏笑
並對他們說：
來吧，給我看另一個昂首高歌，
為活得粗獷、強壯、靈巧而自豪的城市。
自堆積如山的苦工中拋出磁性的咒罵，
這裡是一個果敢的拳擊手，
在眾多軟弱的小城市中昂然挺立；

兇猛如吐舌待撲的狗，靈巧
如一個同荒野對抗的野人，
光着頭顱，
揮舞鐵鍬，
摧枯拉朽，
設計，
建造、破壞、再造，
在濃烟中，滿嘴塵埃，露着白齒豪笑，
在命運可怕的重軛下像一個年輕人般豪笑，
甚至像一個從未輸過、不知天高地厚的鬥士般豪笑，
自吹自擂地笑着，在他的腕下是脈搏，
而在他的肋骨底下是人民的心臟，

豪笑！

狂暴地，沙啞地，喧鬧地笑那種青春的，半裸的，

汗水淋漓的笑，

為身為豬屠夫，工具製造者，小麥堆垛工，

玩鐵路的好手，全國貨運管理員而自豪。

　　也許是因為在芝加哥住了這麼多年的緣故，我對芝加哥出身的桑德堡一直懷有一份特殊的感情。但更大的原因，我想是因為他是現代美國詩人當中，社會意識最強烈、最關懷民間疾苦的一位。生於伊利諾州的桑德堡，是瑞典移民的後裔，有一個當鐵匠的父親，十三歲便在一輛送牛奶的貨車上工作，以後又在戲院裡換過佈景，做過搬運工、農場工、洗碗工，又當過兵，做過救火員，搞過政黨組織活動，還當過密爾瓦基市（我來美國後度過最初幾年的美麗城市，在那裡結婚生子，並找到了在美國的第一份工作）市長的秘書，後來又當過售貨員、記者等等，生活經驗非常豐富。

　　桑德堡在二十六歲時出版了他的第一本詩集，但一直要到十年後他發表了一組詩，其中的〈芝加哥〉得了獎，才引起詩壇的注意。他一生中除了寫詩（出版了七本詩集）外，還寫過散文、小說，並且出版了厚達六卷的《林肯傳》。此外他還搜集了許多民歌。

　　他的詩繼承了早期美國詩人惠特曼的平民化傳統，關心廣大的下層階級，社會性很強。他的詩題材大多是關於美國中西部的人物及景

色，特別是芝加哥這個工業城市的生活。

從下面這兩首譯詩，我們也許可看出，桑德堡的確不愧為美國一位重要的新詩人。他對社會的關懷，對平民老百姓的熱愛，以及對工業文明的擁抱，使他成為一個很獨特的工業美國的桂冠詩人。

把手交叠在胸前——這樣子。
把腿扯直一點——這樣子。
把車召來帶她回家。
她的母親會號幾聲還有她的兄弟姐妹。
所有其他的人都下來了他們都平安火起時
　　　沒跳成的只有這不幸的女工。
這是上帝的意旨也是防火梯的不足。

這首題為〈安娜・茵露絲〉的詩，抨擊資本家為了賺錢，忽略保護工人的安全設施。倒數第二行長得有點出奇，頗有一口氣要說出滿肚子的憤懣與不平的味道。下面這首題目叫〈圓圈〉的詩，則巧妙地譏諷了白人的種族優越感：

白種人在沙上畫了個小圓圈
對紅種人說：
「這是紅種人所知道的。」

又在小圓圈外面畫了個大圓圈，

「這是白種人所知道的。」

印第安人撿起小樹枝，

在兩個圓圈外面畫了個大大的圓圈：

「這是白種人同紅種人，所不知道的。」

　　桑德堡在他去世前將他的文件賣給了伊利諾州大學的珍本書與特別收藏圖書館。傳記作家亨立克兄弟在過去的二十多年中，從桑德堡的檔案裡整理並協助出版了六本桑德堡無暇發表或結集的散文及詩。最近他們又整理出來了兩本書。一本叫做《給離投票年齡還很遙遠的孩子們的詩》，收集了二十首配有插圖的童詩。另一本叫《給人民的詩》的書則收集了七十三首短詩。芝加哥的《詩刊》主編說《給人民的詩》提供了一個同當今詩人有趣的對照。它挺身出來反對今天詩人們寫的高度內心化且對社會問題漠不關心的詩。

　　桑德堡的傳記作者尼芬說：「我很高興看到這些詩的出版。我強烈地覺得他的觀點有必要傳達給另一個世紀的另一代人。」她說在桑德堡去世後一兩天，一封信送達他在北卡州的家。信上說：「我在報上讀到你逝世的消息。那不可能是真的。像你這樣的人不能死。」

　　尼芬說，桑德堡是世界性的也是不受時間拘限的。像那封信的作者一樣，她說：「我想卡爾・桑德堡此刻還在那裡活得好好的。」

風城風城

非馬畫作〈芝加哥〉，1993年

芝加哥素有風城之稱。不知底細的人可能以為芝加哥的風大。的確，瀕臨其大如海的密西根湖，芝加哥經常會感受到來自湖面的陣陣涼風。而林立的高樓大廈所構成的風道更常把風吸到街道上來，讓行人不得不時時用雙手去握緊頭上的帽沿，特別是在寒冷的冬天，像我在一首題為〈芝加哥之冬〉的詩裡所描寫的：

　　　堅如鋼鐵

　　　都有顫慄的時候

　　　何況牙齒

　　　冰雪的十字街頭

　　　紅燈輪流燃燒

　　　讓所有的眼睛

　　　都有機會取暖

　　　而衝刺過街

　　　光靠兩隻腳是不行的

　　　還得有雙手

　　　握住帽沿

把頭皮扯緊
去頂風

　　但在美國的城市當中，芝加哥並不是風最多或最大的城市。波士頓的年均風速是每小時二十公里，便比芝加哥的十六多公里來得大。不過芝加哥確也以擁有這來自湖面的風為傲，將它視為一種天然的資源。早在十九世紀的六、七十年代，便因有湖風調節盛夏的暑氣，而自我宣傳為避暑勝地。我們居住的郊區，離湖遠些，夏天的溫度總要比湖邊高出幾度。

　　究竟芝加哥這個風城的名字是怎樣得來或流行起來的呢？最可靠的說法是十九世紀的七十年代，由同為美國中西部城市之一的辛辛那提（Cincinnati）叫出來的。本來是美國屠宰業中心的辛辛那提，卻被芝加哥後來居上取而代之。更要命的是，辛辛那提有一個叫「紅襪」的常勝棒球隊，芝加哥卻組成了一個叫「白襪」的棒球隊來同它抗衡，並常把它打敗。兩市的報紙因此經常叫陣。風城便是辛辛那提的報紙用來稱呼芝加哥的名字。意思是說：「別吹了！」1890年芝加哥爭取1893年世界博覽會的主辦權，競爭對手之一是紐約。據說紐約太陽報的主編當時曾說過這樣的話：「即使贏了，那個『風城』也辦不了世博。」結果芝加哥贏了，而且把世博辦得有聲有色。從此「風城」的名字更是人人皆知。

從約翰・亨克（John Hancock）大廈第95層樓下望芝加哥市區

　　1969年我來到芝加哥工作，一待就是四十多年，是我住得最長時間的地方，竟可說是我的另一個故鄉。我的第一本詩集便是以《在風城》命名的，當年還讓來自台灣風城新竹的名小說家張系國白高興了一場，以為在異國遇到了鄉親呢。

　　芝加哥的冬天寒冷而漫長。常有親友勸我們搬到四季如春的加州，但我們都喜歡這裡四季分明的氣候，帶給我們心情的變化與律動。像一棵植根於泥土的樹般，領略這裡的〈冬〉之無奈與曠達：

　　捉襟

　　卻捉下來

　　最後一片落葉

呼嘯的北風裡
老人
苦笑着將手一揚
去，去，都去
去遠走高飛

或〈春〉的驚喜：

把時間的皺紋
深深藏在心底

好久不見
你還是一樣年青

　　何況可能因為有湖風調節的關係，芝加哥的氣候似乎比鄰近的地區都要來得溫和。近年來的幾次大風雪不是偏北就是偏南，都放過了芝加哥，而夏天的龍捲風及水災，也不太光顧這城市，可說是全球氣候劇變下的少數幾個幸運兒呢。

上：在高樓大廈間享受陽光踢踢足球

下：這組名叫Agora（集會場所）的雕塑，是波蘭女雕塑家Magdalena Abakanowicz的作品，
　　位於格蘭特公園

火鳳凰

芝加哥消防學院及紀念雕塑「火柱」

提起芝加哥，人們常會想到古代傳說中的火鳳凰。這種據說是生長在阿拉伯沙漠中的美麗而孤獨的神鳥，每過五百年便要自焚一次，再從灰燼中復活，循環不已，生生不息。

　　從1871年10月8日星期天晚上九點左右開始，一直延燒到10日星期二早上的一場大火，燒毀了芝加方圓10平方公里的市區中心，死傷了數百人。雖然這是十九世紀美國最大的火災之一，緊接而來的重建工作，卻使芝加哥成為人口最多，經濟最繁榮的美國最重要的城市之一。陸續升起的高樓大廈，爭奇鬥艷，更成為現代建築的一個展示場。

　　這場大火是從芝加哥西南角一條小巷裡的一間牛房開始的。但它真正的起因，到今天還沒有定論。最普遍的說法是牛房裡的一隻牛踢翻了一盞油燈。但當初做此報導的記者，在1893年承認是他為了增加報紙銷路而編造出來的故事。牛房主人剛好是一個新移民，又是個天主教徒，在當時的政治環境下，很自然地便成了代罪羔羊。

　　那時候芝加哥的房子大多是木造的，長期乾旱的天氣加上強勁的西南風，火勢一發便不可收拾，直直向市中心延燒過去。市政府遲鈍的反應以及市民們在火起時的漠不關心也是造成災難的重要因素。而被前一天另一場火災搞得焦頭爛額的救火員，居然暈頭轉向地把救火車開錯了方向！很快地火舌竄入鄰區，一路燒過乾燥的木造房屋、公寓及大廈。大廈裡堆積的柴火、芝加哥河岸停泊的木船、市區內的高架木板行人道和道路、沿岸的木材行和煤炭行等，這時都成了助長

上左：畫家John R.
　　　Chapin筆下的芝
　　　加哥大火，1871
上右：火災後市區一景
　　　（攝影者不詳）
　　下：芝加哥水塔

火勢的燃料。日夜同大火搏鬥的救火員都精疲力竭，市長只好向鄰近的城市求援。但此時大火已失去控制，更糟糕的是位於芝加哥河北岸的水廠也被燒毀，水源被切斷，大家只能眼睜睜看著大火向河的北岸地區撲燒過去。城中商業區裡的旅館、百貨公司、教堂、戲院及歌劇院、印刷廠、市政廳等，都陸續化為灰燼。人們四散奔逃，有些逃入林肯公園，有些則逃到密西根湖邊去避難。為了安定民心，市長宣佈戒嚴，並委任聯邦軍隊有名的謝里登將軍協調軍事救援工作。由於沒有重大的動亂發生，戒嚴在幾天後便宣告結束。星期一夜裡風勢減弱，並開始下起毛毛雨，這場大火終於在星期二早上熄滅。

　　據事後估計，這場火燒掉了時價達兩億多美元的財產──約佔全市總值的三分之一。三十萬居民當中有九萬人無家可歸。兩百萬到三百萬冊私人藏書被焚毀。損失之慘重，據一家報紙的估計，超過1812年拿破崙圍攻莫斯科之役。奇蹟的是，災區中有五棟公共建築物及一間民房安然無恙，其中包括一座教堂和新建不久的芝加哥水塔。這棟由石塊建成的水塔，今天仍在高樓大廈中矗立，成為芝加哥大火的非正式紀念碑。

　　在大火之後不久，一個由幾家保險公司及防火改革者所推動的防火標準很快地就被確立起來，芝加哥成了全美國領先的消防力量之一。土地投機者及企業家們幾乎立刻投入重建工作，全國各地捐贈的錢、食物、衣服和傢俱迅速地向芝加哥彙集。第一車用來重建的

木材，在最後一棟被焚的建築物的火被熄滅的當天便運到。僅僅22年之後，芝加哥舉辦了世界哥倫布博覽會，接待了超過21萬個遊客。芝加哥從大火灰燼中重生的另一個例子是現在著名的帕爾默樓（Palmer House）酒店。這間開幕才13天的酒店，在大火中被夷為平地。它的主人毫不猶豫地取得了貸款，在街對面的空地上，造起了一間被稱為世界上第一個防火建築的酒店。起火的牛房則是現在芝加哥消防學院的所在地。1961年，為了紀念這場大火，在它的前面豎立了一個象徵火焰的題為「火柱」的青銅雕塑。

水上看芝城

活動橋樑升起讓遊輪通過

芝加哥的東邊濱臨其大如海的密西根湖，又有一條連通湖水的芝加哥河。許多有名的高樓大廈，便矗立在湖岸上及河的兩邊。要認識芝加哥，恐怕沒有比從水上來看更方便更有情調的了！

水上遊船有兩種：一種是走芝加哥河的內陸遊，一種是沿著密西根湖岸的湖上遊。兩者的起點都是有名的海軍碼頭。海軍碼頭建於1916年，佔地50英畝，有公園，花園，小商店，飯店及擁有全美最大的摩天輪的遊樂場。登上小型的內陸遊船，循著芝加哥河的主幹往西航行，然後進入北支流，到達全國最大的健身房東岸俱樂部後，便掉頭向南進入南支流，經過席爾斯塔（Sears Tower，2009年改名為威力士塔Willis Tower）到達舊郵政大樓，最後再回到海軍碼頭，全程約一小時。聽船上導遊講述1871年大火後的戲劇化重建故事以及沿途超過四十個由名設計師所營建的現代建築物的有趣典故，等於上了一節歷史課。而從船上仰望兩旁的摩天大樓，有置身長江三峽崇山峻嶺間的類似感覺。

但幾年前的湖上遊留給我們的印象更為美好深刻。為了慶祝我們的結婚紀念，一個週末的晚上，一對印度裔同事夫婦邀我們一起搭乘沿著密西根湖邊航行的遊輪。在豪華的遊輪上，我們一邊享用船上的美酒佳餚，一邊聽樂隊演奏美妙的音樂，一邊觀看襯著星光與岸上燈火的芝加哥輪廓線，是一次耳目與口腹的盛宴。

沿著湖岸向南航行約三小時的旅程，沿途可看到世上最大的每分鐘能處理一百萬侖的濾水廠；建於1930年的天文臺；1930年開放的擁有八千種水生動物的水族館；建於1924年，紀念世界大戰中陣亡的士兵，現為芝加哥熊隊的主橄欖球場；芝加哥大火後沿著湖邊建造的佔地319英畝的格蘭特公園；1927年在格蘭特公園中心地點造的世上最大的照明噴泉——白金漢噴泉；建於1974年，一直到1997年都保有世上最高建築物記錄的席爾斯塔；以及世上最大的無柱展覽廳馬康密克場等名勝。下面是我為這次遊覽所寫的一首叫做〈夜遊密西根湖〉的詩。詩中所說的「華麗的一哩」指芝加哥最繁榮的密西根大道上的一段，為芝加哥湖濱的黃金地帶：

　　　　從摩天樓的頂層伸手摘星
　　　　應該不會太難
　　　　但多半，我猜
　　　　是星星們自己走下來
　　　　為這華麗的一哩
　　　　錦上添花

　　　　在巧奪天工的玻璃窗口欣欣炫耀
　　　　或在無人一顧的天空默默暗淡
　　　　沒有比這更現實的選擇

上：停泊在海軍碼頭的河上豪華遊船，背景為有摩天輪的遊樂場
下：沿河的高樓大廈

船到馬康密克場便掉頭了
再過去是黑人區
黑黝黝
沒什麼看頭

　　關於遊輪，還有一個小插曲。去年一對夫婦朋友從珠海來芝加哥看他們在一個大學裡念書的兒子。白天兒子上課去了，他們便自己搭車到處去遊蕩。有一天他們來到海軍碼頭，看到岸邊泊著一艘豪華的大遊輪，只會說幾句簡單英語卻富有冒險精神的太太，一時好奇，拉著她的先生登上了遊輪。迎過來的領班聽他們說是從中國遠道而來的遊客，想領略一下美國的豪華遊輪，居然不厭其煩地帶著他們到處參觀，還請他們喝了一杯可口的飲料。他們同我講起這個故事時，不知是因為芝加哥的好客，或被他們自己的冒險精神所感動，總之眼睛裡還閃耀著難掩的喜悅光芒。

上：在密西根湖上航行的遊船
下：從水上看芝加哥的高樓大廈

遊船回到海軍碼頭

博物館園區

阿德勒天象與天文博物館與館前的亨利‧摩爾的雕塑「人類進入宇宙」

　　我覺得芝加哥最美的地段，不是黃金地帶的高樓大廈，而是瀕湖的博物館園區。

　　這個美麗的芝加哥博物館園區是1998年建立的，每年吸引了大量的遊客，從世界各地前來參觀。在這之前，雖然這園區裡的幾個博物館都已存在，但湖濱大道從它們的中間穿過，呼呼奔馳的車流使得從停車場到博物館的行程充滿驚險。現在湖濱大道已改了道，被移到園區的西邊。這樣這園區裡的主要景點——菲爾德博物館，謝德水族館，阿德勒天象與天文博物館及士兵場——都被一片片綠草連在一道，行人可從容地由一個景點走到另一個景點。

• 阿德勒天象與天文博物館（Adler Planetarium and Astronomy Museum）

　　我常欽佩美國一些有錢人的眼光與胸襟，他們常把他們從社會上賺來的錢財，反饋於社會。這個園區裡的三個博物館，都是由私人出資興建的。阿德勒天象與天文博物館位於一個叫做向北島（Northerly Island）的人工半島上，1930年由芝加哥商人及慈善家馬克斯·阿德勒（Max Adler）創建，是美國的第一座天文臺，也是美國幾個附有兩座完備的天文劇院的天文館之一。半島上本來有個小飛機場，供私人飛機起降，911事件後市政府為防止恐怖活動而將它廢棄，計劃改建為公園，目前是臨時的露天演出場所。半島圈住的船塢，供私人帆船及遊艇停泊之用。陽光明媚的日子，船塢裡船隻耀眼的白帆，映著一望無際的藍色湖水，真是爽心悅目的景色。

　　阿德勒天象館擁有兩個天象放映劇院——其中的天空劇院擁有一個傳統的蔡斯投影機，另一個叫星球騎士的劇院，則全部是「虛擬現實」的經驗，讓你覺得你是在外太空中飄浮！

　　天文博物館部分則收集了許多世界上最古老重要的天文科學儀器。有幾個展覽是關於宇宙的很好的教材。館內的天文臺則展示一個有20吋大口徑的望遠鏡。這是芝加哥地區最大的開放給公眾觀看的望遠鏡，能聚集5000倍於人眼所能收集的光。每月的頭一個星期五從下午四點半到十點，供遊客使用觀賞天體。

上：天文博物館內收藏的一些稀世之寶
下左：芝加哥旅遊局從空中拍攝的博物館園區照片。
　　　左上角遠處有圓頂的建築是阿德勒天象與天文
　　　博物館，中間的白色建築物是謝德水族館，右
　　　邊是菲爾德自然歷史博物館。士兵場位於菲爾
　　　德博物館的後面
Photo © Chicago Convention and Tourism
Bureau
下右：博物館園區的湖濱水上，夏天停滿了帆船

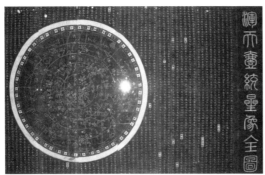

• 菲爾德自然歷史博物館（Field Museum of Natural History）

　　菲爾德博物館的最大捐助者是商業鉅子馬歇爾‧菲爾德。他是芝加哥最大的百貨公司馬歇爾‧菲爾德的創辦人，聽說他起初對博物館並不感興趣，說他不懂也不想懂什麼博物館，他才不要拿出一百萬美元來建什麼鬼博物館哩！但後來經另一位出資者（一個鐵路供應商及博物館的第一任總裁）的遊說，他才答應。結果博物館以他的名字命名，讓他名垂青史。1906年他去世後，根據他的遺囑，又給這博物館捐贈了八百萬。在芝加哥，他的名字可說是家喻戶曉，因為他還是有名的芝加哥大學的創辦者之一。

　　菲爾德博物館是世界上最大也是最好的博物館之一，收集了超過兩千萬件關於生物學、人類學、自然與歷史的標本，其中有幾個相當有趣的展覽如「進化的行星」用視頻、展覽、化石、陸地與海洋景觀，還有一個規模龐大的恐龍廳，來展示橫跨40億年地球上的生物；「地下探險」則教育小孩們關於在泥土底下的生活；「進入古代埃及」則展出古埃及的出土文物如墳墓和木乃伊等。最吸引大人小孩的，則是一個叫「蘇」的珍藏。它是世界上最大，最完整，保存得最好的霸王龍化石。除這些外，它還經常舉辦許多卓越的臨時性的巡迴展覽。

菲爾德博物館裡的大象標本

謝德水族館（Shedd Aquarium）

　　二十世紀初期，百萬富翁約翰・謝德（John G. Shedd）決定贈給芝加哥這個大城一個大禮，花了三百萬美元（相當於今天的三千五百萬），以七年的工夫建成了謝德水族館，在1930年對外開放。從那以後，謝德水族館又增添了幾個永久性的展覽，大小幾乎加倍，成為今天美國最大的水族館之一。館內主要的展覽有：

　　加勒比海珊瑚礁：這是水族館的核心，一個九萬加侖的圓槽裡充滿了魟魚、鯊魚、鰻魚、海龜以及各種熱帶魚。每天數次，一個潛水員用手喂飼魚類並在水中回答觀眾的提問。

　　世界水域：這個展覽探測90個水中自然環境。養有來自世界上各種河流、湖泊和海洋的成千上萬的動物，如巨型章魚、蝦、藍鰓太陽魚和月亮水母等。

　　亞馬遜臺地：地球上有三分之一的生物棲居在亞馬遜。在這裡我們可看到有毒的青蛙、大蜘蛛、食人魚和蟒蛇等。

　　海洋水族館：這個水族館旨在重現太平洋西北地區的熱帶雨林，館內巨大的落地窗，給人一種處身海洋的幻覺。潮汐池和海灣是海星、水獺、海豚與白鯨等的棲居地。

上：水族館裡的水族
下：士兵場（橄欖球場）

野生礁：一個有高大玻璃窗、容積達40萬加侖的巨大的棲息地，展示了活珊瑚和在其中穿游的超過兩打的鯊魚，給遊客一種水底的經驗與感覺。

　　水上表演：謝德水族館的露天劇場每天有各種水上表演，包括騰躍的海豚和跳舞的白鯨，多姿多彩，老少皆樂。

• 士兵場（Soldier Field）

　　嚴格講起來，做為目前芝加哥熊隊主場的這個能容納61,500觀眾的橄欖球場，並不是個博物館，但士兵場的地位很特殊，是芝加哥博物館園區的重要組成分子。主要原因是球場底下是個龐大的停車場，凡是開車去看這園區裡其他博物館的人，都必須從它的肚子裡鑽出來。何況1924年為紀念第一次世界大戰退伍軍人的士兵場本身便是個具有歷史意義的文物建築。但2003年完成的過於前衛的整修工作，使它看起來像一艘巨大的太空船停落在舊廊柱上，引起了不少的爭議，也使它在2006年被取消文物建築的資格。

芝加哥美術館

昨天搭火車進城陪國內來的一對夫婦朋友在芝加哥美術館逛了一天，雖然我一年總要來好幾次，卻每次都有意外的收穫。像這個沐浴在柔美光線下的大理石雕像，這次才被我的相機捕捉到：

芝加哥美術館內有許多美不勝收的雕塑展覽

芝加哥美術館是美國第二大美術館，以收藏現代畫家特別是印象派畫家的傑作聞名於世。但它的收藏範圍非常廣泛，幾乎同藝術有點關係的東西都可在這裡看到。其中包括古代希臘、羅馬與埃及的文物；非洲的陶瓷；亞洲國家如中國、朝鮮、日本、印度、西南亞、近東及中東等地涵蓋五千年的文物古蹟；中美洲和安第斯陶瓷、雕塑、紡織品和金屬製品以及北美文物；中世紀及文藝復興時期的宗教作品及日常用具；從十二世紀到現在的歐洲繪畫與雕塑等。此外還有歐洲的裝飾藝術品包括傢俱、陶瓷、金屬、玻璃、搪瓷和象牙等製品；槍劍武器盔甲；各式各樣的紡織品，包括哥倫布發現美洲大陸前的紡織品、歐洲的法衣、掛毯、編織絲綢和天鵝絨、印花布、刺繡和花邊等。另外還有自1839年發明照相技術以來到現在的許多攝影作品。真的是琳琅滿目，令人流連忘返。

　　美術館裡還設有一個給小孩們玩樂學習的萊恩教育中心，在這裡可聽故事，玩遊戲，或做其他的藝術活動。這樣大人可安心並專心地去館內欣賞他們自己喜歡的東西。另外，在美術館背後的芝加哥藝術學院，則是有名的培養藝術人才的地方，經常舉辦各種藝術活動。每年在芝加哥舉辦的電影節期間，總有好幾部參展的電影在這裡放映。

　　美術館面臨密西根大道，是市區的黃金地帶，交通便利卻不擠塞吵雜，兩邊都是公園草地，右邊新建的千禧公園花草繁茂，可觀賞的東西很多，特別是那座名叫「雲門」卻因形似而被暱稱為「豆」的

法國印象派畫家凱波特（Gustave Caillebotte, 1848-1894）的〈雨天巴黎街頭〉是芝加哥美術館的寶藏之一

雕塑，更吸引了許多男女老少，在它面前或底下吐舌頭做怪臉，看被扭曲了形象的自己。這座由生於印度的英國雕塑家卡普爾（Anish Kapoor, 1954-）設計的雕塑，尺寸是10x20x13米，重達100噸，由168塊不鏽鋼片焊接構成，表面磨光成鏡面，反映出芝加哥多姿多彩的市容。

　　多年前我曾到紐約大都會美術館去參觀，在那麼多畫裡面竟沒看到有一幅來自東方當代畫家的作品，頗使我感到驚異。回來後寫了一首詩，下面是其中的一部分：

「雲門」雕塑的夢幻世界

走進

印象的山

走出

抽象的水

走進

寫實的森林

走出

超現實的天空

竟找不到一隻野獸

來自東方

　　同樣的情況也存在於芝加哥美術館。有幾位我知道的華裔畫家，在歐洲或其他地區似乎頗負盛名，就是沒見到他們的作品在美國受到重視，更不要說被芝加哥美術館之類的美術館選進去收藏陳列了。幾年前我那喜歡收藏名畫的二兒子大概因為參加為芝加哥美術館募款活動的關係，成為該館的輔助董事會的成員。有一天我開玩笑說，想辦法把我的一幅畫偷偷送進去如何？他說哈，把你的畫送進去可能要比把裡面的畫偷出來還難得多呢！

上：門口有一對獅子雕像
　　守護的芝加哥美術館
下：威武的獅子雕像

華麗的一哩

矗立街頭的影星瑪麗蓮・夢露塑像

密西根大道橋是「華麗的一哩」的起點，橋墩的設計者為雕刻家赫林（Henry Hering, 1874-1949）與伊爾・非瑟（James Earle Fraser, 1876-1953）

街頭一瞥

　　如果說香榭麗舍大街是巴黎最美麗的街道，那麼密西根大道上的「華麗的一哩」便是芝加哥最美麗的街道了。

　　南自芝加哥河的密西根大道橋，北至橡街橋，中間這一段寬敞的林蔭大道，兩旁栽滿了各色各樣的花草，到處是有名的地標如舊水塔，大廈如約翰・漢考克中心及論壇報塔，時髦的大商店，各類博物館，豪華的餐館與酒店等，是購物者的天堂，更是旅遊的勝地。但熱鬧卻不匆忙，街上到處可見的供遊客雇用的遊覽馬車，在汽車群中自由自在地得得緩緩穿行，引人發思古之幽情。

　　每次我開車進城去在林肯公園附近的二兒子家，都要經過這段街道。無論是白天晚上，總會看到穿著各種裝束來自世界各地的遊客，在這條街上熙來攘往，特別是聖誕節前後的購物季節，街道兩旁掉光了葉子的樹上，掛滿了閃閃爍爍的小燈泡，抱著大包小包購物袋的行人身影，映著爭奇鬥艷的櫥窗裝飾，一幅溫馨感恩的昇平氣象。

右：街上巡邏的員警
下：古色古香的馬車

白金漢噴泉

上：白金漢噴泉
下：白金漢噴泉夜景

白金漢噴泉是世界上最大的噴泉之一，也是芝加哥最吸引人的風景地標之一。這個座落於格蘭特公園中心的噴泉，1927年由凱蒂‧白金漢出資興建，以紀念她去世的兄弟克拉倫斯。凱蒂經常去歐洲旅遊，很欣賞那些巨型的公共噴泉，決心把那種雄偉的紀念碑帶到美國來。她還留下了一大筆錢作為維護噴泉的費用。

　　這座噴泉是設計師本內（Edward H. Bennett）根據法國巴黎附近的凡爾賽宮的噴泉而設計的，他也是建造密西根大道上那座橫跨芝加哥河的大橋的設計師。噴泉的底部是個直徑85米的大池子，中間放一個7米高的有如一個三層蛋糕的水盆，周圍有四個銅製的海馬，每隻海馬代表濱臨密西根湖的一個州：伊利諾，印地安那，密西根和威斯康辛。而噴泉本身便是密西根湖了。

　　海馬及每層水池一共裝了134個噴嘴，由地下室的電腦控制三個水泵循環打水。無風的日子，噴泉可達到46米的高度。每年從4月到10月中旬，只要天氣許可，噴泉每天從早上八點開始噴水。從十點鐘起，到晚上十點四十五分，每個鐘頭都來一次20分鐘的表演。黃昏後加上音樂及由820支燈所發射出來的柔和光線，更是美麗壯觀，令人難忘。

芝加哥大學

芝加哥大學東方研究所的部分館藏

我一直對芝加哥大學有一份親切感。我工作的阿岡國家實驗室雖然實際上隸屬於美國能源部，名義上卻是由芝加哥大學管轄，我們因此也算是芝加哥大學的員工。由於這個緣故，我們不但能自由地使用學校的圖書館等設施，員工子弟還能享受到減低學費的優待，每年校方還提供幾個獎學金的名額，給有志就讀該校的員工子弟申請。我家老二便得到了四年免學費的獎學金，省了我一大筆學費的負擔。而擁有六個分館的芝加哥大學的圖書館系統總藏書量達850萬冊之多，在美國圖書館系統中排名第十二，其中2011年才完成擴建的主館，藏書量高達790萬冊，收藏了許多東亞各種語言文字的藏書及報刊雜誌，則是世上藏書最豐富的圖書館。不久前我一時興起，在網絡上查詢了一下這圖書館的目錄，發現在我名下的中文書居然有19本，再加上我的兩本英文詩集，一共有21本之多，大概是世界上最眷顧我的圖書館了！有一段時期我常去那邊閱覽中文圖書或尋找資料。這圖書館也是芝加哥大學學生們最常光顧的地方，是比足球場更受學生歡迎的社交中心。

　　芝加哥大學是1890年由美國浸信會教育協會所創立的男女合校、學術宗教分離的大學，資金大部來自紐約的石油大亨洛克菲勒的捐獻，土地則由芝加哥的商業鉅子馬歇爾・菲爾德提供。主要校區是由六個「四合院」組成的大「四合院」，造在離芝加哥市中心11公里的南邊，面積0.85平方公里。初期的哥德式建築有意模仿英國的劍橋大學。上個世紀四十年代以後增添的校舍則多為現代式建築。

上左：芝加哥大學校園
上右：芝加哥大學校園
下左：芝加哥大學新建的圖書館
下右：芝加哥大學圖書館主館

芝加哥大學包括大學部，各類研究所，六個職業學校及一個繼續教育。學生總數有一萬五千人，其中大學部佔五千人。另外還設有一個名聲卓著的名叫實驗室學校（Lab School）的附屬學校，從托兒所一直到中學，學生當中約有一半是芝加哥大學員工的子弟。

　　芝加哥大學的學術風氣非常濃厚，教育的目的不僅僅是讓學生們學習到一套技能或獨立思考的能力，更是人生一段寶貴的經驗。為了鼓勵不同領域不同文化背景的學生們能有彼此溝通交流的共同基礎，大學部的學生，不管他們的主科是科學，數學，人文科學或社會科學，都必須花一兩年的時間修完當年由芝加哥大學率先倡導的所謂的核心課程。所有進入這學校的學生，都必須經過學習同樣的課程，閱讀同樣的教科書，體驗同樣理念的得失，培養出一套共同的語言的過程。對一個早年在台灣接受工程專科教育，深切感到人文學科被忽視的我來說，芝加哥大學的這種教育理念與方式，是比較合理完善的。

　　到現在為止，這個學校一共產生了87位諾貝爾獎得主，比任何美國大學都多，其中包括小說家索爾‧貝婁（Saul Bellow, 1915-2005）的文學獎，但人數最多的是經濟獎，為芝加哥大學經濟系的師生們贏得了芝加哥經濟學派的美譽。

　　另外值得一提的是芝加哥大學的東方研究所。這個成立於1919年的研究所，是收藏古代近東地區的文化遺物的博物館及研究中心。當初的目的是要用來研究人類文明的起源與發展，為西方文明去古代的

上左：芝加哥大學的東方研究所
上右、下左、下右：芝加哥大學東方研究所的部分館藏

中東尋根。博物館收藏了來自埃及、以色列、敘利亞、土耳其、伊拉克及伊蘭等地發掘出來的古物。在美國，像東方研究所這樣規模的中東文物古蹟收藏，應該是空前絕後的，特別是在1930年以後，中東各國政府製訂了法律，不再允許外國考古學家把挖掘出來的古物帶一半回家的慣例。

　　1980年11月初詩人艾青高瑛伉儷和作家王蒙來芝加哥訪問，我第一個想到陪他們去玩的地方就是芝加哥大學。那是個秋高氣爽的日子，陽光明亮，我們在古色古香的校園內散步聊天，度過了一個相當愉快且富有詩意的午後。

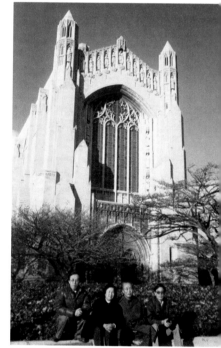

1980年11月2日在芝加哥大學洛克菲勒教堂前
左起：王蒙，高瑛，艾青，非馬

詩之家

上左：Dearborn及Superior十字路口的「詩之家」招貼
上右：玻璃建築的「詩之家」外貌
下左：開架的雙層圖書室
下右：到處是展覽品的走廊

2002年11月一個天雨車擠的晚上，我同一位美國詩友從西南郊開了將近兩個小時的車到芝加哥城內，買了15美元的門票，再加上可觀的停車費，參加美國《詩刊》的一個聚會，聽當時的美國桂冠詩人比利・卡林斯（Billy Collins）同幾個演員一場不怎麼精彩的朗讀，慶祝由詩人佛洛斯特倡訂的一年一度的「詩日」。

1912年由曼羅女士（Harriet Monroe, 1860-1936）創辦的《詩刊》，是許多美國詩人成名前初試鋒芒的地方，有一萬多個訂戶，九十多年來從未脫過期，經濟情況卻一直不好，聽說一度銀行帳戶裡只剩下不到一百美元。那天晚上朗讀的，有龐德、葉芝、奧登、佛洛斯特、司蒂文斯、艾略特、威廉斯等詩人同主編曼羅女士之間的來往信件與部分詩作。所有這些都摘自剛出版的兩本書：《親愛的編者：從信件看詩刊的歷史》（Dear Editor: A History of POETRY in Letters）及《詩刊詩選1912-2002》（The POETRY Anthology 1912-2002）。編輯這兩本書的是當時《詩刊》的主編帕利西（Joe Parisi）同他的助手們，所以那次詩會竟可看成是為這兩本新書所做的宣傳促銷。回家的路上我們都多少有點上當的感覺，特別是兩天後聽到1970年代初期曾遭《詩刊》退過稿的女詩人、美國製藥公司伊萊・利黎創辦人的曾孫女露絲・利黎女士，給《詩刊》捐贈了一億美元的消息。

一億美元！我們都不約而同地叫了起來。在有那麼多人因饑餓而死去的這個世界，這一億美元能救活多少條人命，創造出多少工作機會啊！金錢真能讓詩人們多寫出幾首好詩來嗎？而一個詩刊，要這麼

多錢幹什麼？搞不好這個在一夕之間富了起來的詩刊，會像突然拿到一大筆遺產的子孫般，胡亂揮霍或因分產糾紛而打得頭破血流。我引用杜甫的「文章憎命達」的詩句，開玩笑地對那位美國詩友說，命達以後的《詩刊》，恐怕很難再維持以前的高水準與聲望吧？英國詩人葛雷夫斯（Robert Graves, 1895-1985）不是說過「詩中沒有錢，但錢中也沒有詩」嗎？

　　果不其然！為了如何使用這筆後來增長到兩億美元的捐款，《詩刊》基金會因理事們的意見分歧而搞得四分五裂，十二個理事當中有過半不是自動辭職就是因批評新領導階層而被迫辭職。除了爭論《詩刊》的使命與方向外，爭執的焦點之一是要花費兩千五百萬美元建造一個富麗堂皇的「詩之家」的計劃。有一位理事質問：「幹嗎要為詩造個家？造個家給老詩人們住不更好嗎？」其他的爭執包括用一百萬美元建立一個網站，以及花七十多萬美元調查詩在當今美國生活中的地位等等。但最引起爭端也最傷感情的是理事會雇用了該會主席約翰‧巴爾（John Barr）的妻子。她本來是個義工，籌辦一個桂冠兒童詩人獎及一個獎金達2萬5千美元的兒歌獎，上任不久便因眾多反對之聲而被解雇。主席巴爾是個銀行家兼詩人，他的獨斷獨行的作風以及「不幹小兒科計劃」的芝加哥大手筆大派頭，引起了不少人的皺眉。從前這雜誌社的全年經費是五十萬美元，現在每年光是付給二十個員工的薪水便是兩百萬。而每年花費在詩獎以及付詩人的朗誦費上更高達三百二十多萬之多。但他說這些錢花得值，單在去年這一年裡，這些活動便把詩的快樂帶給了幾百萬人。他似乎對那些有學院背景的理事們沒什麼好感。上任後不久，他在芝加哥大學的一次演講中，把現代詩的缺失全部歸罪於學院派詩人身上，說詩人原該到更大的世界裡去遨遊，營建一個能與更廣闊讀者群共鳴的詩的聲音。相反地，他們

左：走廊牆上的照片展覽
右：有兩面落地窗牆的表演廳

卻躲到那些提供美術碩士學位與寫作計劃的大學象牙塔裡去。而基金會的董事長似乎也對他頗具信心，說「詩之家」的營建將是詩在美國文化中全面復活的具體表現。

真的是有錢能使鬼推磨，短短幾年的工夫，一棟美輪美奐的「詩之家」便在市中心落成，並在上個月（2011年6月）底隆重地如他們大肆廣告的日期揭了幕。在這之前的一個月，我的一位住在城內的詩友還好奇地帶著照相機去工地探看虛實，拍了許多亂七八糟的現場照片，並斷言他們絕不可能如期落成。

從街上走進一個有花木的庭院，便可看到「詩之家」的入口。由入口往左是表演廳及一個牆上掛滿了黑白照片的走道，這些照片大多是在《詩刊》上出現過或同它有關的詩壇歷史人物。表演廳有兩面透明的牆，由落地玻璃窗構成，從廳內可看到外面的景物，但外面的人卻看不到室內的活動。由入口處往右可通向這大廈的心臟：兩層琳琅滿目高達二十呎的書架，擺滿了各式各樣的詩集——從兒童詩到整架的聶魯達詩集——任人瀏覽取閱，室內置有舒適的沙發，供休息或閱讀之用。書架前是一張長條的桌子，上面擺了幾部供查找資料的電腦。由入口處登上一條美觀大方的玻璃樓梯，則可到達二樓，這裡天花板只有底層的一半高，是辦公室及會議室的所在。

總之，這是個令人驚艷的「詩之家」，至於美國的現代詩會不會因有了它而繁榮昌盛起來，只有讓時間來回答了。

單人戲院

建於1921年的芝加哥戲院是美國最早最大的電影院，七十年代起生意一落千丈，終於在1985年關門大吉。1986年逃過被拆毀的命運，重新修建成舞臺劇院

獨樂不如眾樂！我的朋友看到我一個人對著電腦屏幕發笑，在我背後猛叫了一聲，把我嚇了一大跳。

我正在閱讀網絡上一則新聞報導，說由於電腦集成電路片的進步，未來的廠商將以個人為消費對象。他們將能配合每個人的喜好，而提供只給一個人使用的產品或服務。

這使我想起去年夏天，一個人到芝加哥城內一個電影院看電影的情景。整個電影院，連我在內一共只有五個人。當我環顧那個有高高在上的包廂、1200個舒適座位的電影院時，竟興起了一種蒼涼寂寞的感覺。

那個電影院的前身是芝加哥的一個有名的劇場。在歌舞劇及舞台劇鼎盛的時期，聽說是人們見面聚會的社交場所，經常座無虛席，一票難求。曾幾何時，電影的興起，搶走了大部分的觀眾，使得它不得不順應潮流，改裝成電影院。但隨著社會的多元化，人們的興趣越分越細密——雜誌不再以大眾為對象，而是針對某一個特殊的階層或群體，電影的對象也越來越小眾化。在這種環境下，只有單一銀幕的電影院，注定要讓位給那些擁有多個小電影場、可同時放映各種不同影片的大型電影廳。一家男女老少可一起走進大廳，然後分道揚鑣、各尋各的娛樂與消遣。而花樣繁多的有線電視、錄影帶、影碟、電腦網絡等新媒介的普及，每天24小時把許多剛殺青的首輪影片直接送到電視或電腦的屏幕上，更迫使許多電影院紛紛關門大吉。這是大勢所

趨，誰也無法阻擋。而那間由劇場改成的電影院也終於在幾個月前關了門。

在這個鬧哄哄的時代，人們已慣於把曲高和寡的精緻藝術如詩歌及古典音樂等，劃入小眾文化的範疇。但當提供娛樂的戲院或電影院裡也只剩下你一個觀眾，回響在偌大空間裡的，只是你自己一個人孤掌難鳴的笑聲時，這個世界便顯得有點空虛寂寞了。

獨樂不如眾樂！我的朋友在我背後的猛然一喝，確實讓我驚出了一身冷汗。

我愛你

口述史學家史塔慈・特寇（Studs Terkel, 1912-2008）
Photo Credit: Studs Terkel, Miami Book Fair International, 1995 CC BY-SA 3.0

　　如果要芝加哥的市民投票選出一個最受愛戴尊崇的芝加哥人物，
我相信剛於2008年萬聖節去世、享年96歲的著名口述史學家史塔慈・
特寇（Studs Terkel, 1912-2008）一定會高票當選。

有濃重芝加哥口音的特寇，在許多方面是芝加哥的同義詞。但事實上他是在紐約布朗克斯區出生的。在紐約度過了不快樂的童年後，於1923年隨家人搬到芝加哥。在父母經營的供膳宿的公寓旅館裡，他從那些屬於社會底層的各行各業的人物中，獲得了一生中最重要的教育。

　　他平生不喜附庸風雅或自命不凡。雖然他在芝加哥大學獲得哲學學士學位，後來又在該校得了法律學位，卻很少提到他在大學的生活，倒是常提到公立中學裡對他產生過影響的幾位老師。如果說他對芝加哥大學有什麼好感，那是因為他的妻子愛達，一個在1999年去世的社會工作者，也是該校的畢業生的緣故。

　　特寇的頭一個生涯是在芝加哥一個電台裡擔任節目主持人，播放他喜愛的爵士音樂及黑人的布魯斯音樂，還有一些詼諧的訪問。但讓他建立起國家聲譽的是1967年當他55歲的時候，開始的第二個生涯──寫作及口述歷史。矛盾的是，他訪問的對象大多是些他稱為「以及其他」的卑微的不出名的人物，可他自己卻因此而成名。而他對錄音機的狂熱，也許只有尼克森總統差可比擬。

　　在三十年代便成為政治激進份子的特寇，喜穿紅白相間的格子襯衫，紅領結，紅襪子（紅色象徵左傾），以及灰長褲，還有一根嚼爛了的雪茄。這套裝束數十年如一日，幾乎成了他的道具，或商標。他一輩子沒學過開車，當他搭乘公共汽車去上班的時候，常複印一些他

認為有趣的文章，分發給車上的乘客們閱讀。甚至當他獨自在街上行走的時候，這位職業健談者也憋不住話。出於需要，他常自言自語。

有趣的是，就是這麼一位愛講話又充滿愛心的人，在把「我愛你」當口頭禪的美國，卻承認他一輩子沒說過這三個字。

之後特寇在一個地方電視台主持一個叫「史塔慈的地方」的節目，問人家各種問題，相當受歡迎。1952年國家廣播公司曾把他的節目接了過去，但不久便被取消，原來是特寇的名字出現在反美的黑名單上。1952年特寇到芝加哥另一個廣播電台去主持一個每日一小時的節目，主要是播放音樂，偶而加上一些訪問。他很少邀請明星或政客，但他的訪問名單相當廣泛，包括經濟學者、歷史學家、作曲家、神經病學家等等。記得我在阿岡國家實驗室的同事、來自新加坡的物理學家兼業餘音樂工作者沈星揚博士也曾被他訪問過。訪問的內容是中國音樂。

在特寇接近退休年齡時，一個出版家向他提出了一個不平常的構想：根據對市民的訪問來描繪這個城市。特寇猶豫了一下便答應了。結果就是1967年出版、得到好評並成為暢銷書的《分界街：美國》。接踵而來的是更多的口述書：《艱苦時代：大蕭條的口述歷史》（1970），《工作：人們談論他們整天在幹什麼和他們對他們的工作的感想》（1974），以及獲得1985年普立茲獎的《好的戰爭：第二次世界大戰的口述歷史》（1984）。他花很多的時間去準備，但從不使

用書面問題。他的訪問不拘形式，幾乎有點散漫，卻很受評者及讀者的喜愛歡迎。特寇常說美國患了「國家癡呆症」，而他關於勞工、大經濟蕭條以及第二次世界大戰的口述歷史便是他的藥方。

特寇也出版了帶有自傳性的回憶錄之類的書：《自言自語：我的時代的回憶錄》（1977）、《無法預知》（2007）以及2008年出版的最後一本書《又及：從一輩子傾聽得來的深層想法》。雖然特寇的訪問通常都很直率且富啟發性，他的回憶錄卻含糊甚至有點狡黠。書裡沒提到他的父親，幾乎沒提到他的母親，只浮光掠影地談到他的兄弟，還有一兩個關於他的妻子的故事。特寇聲稱他碰到過那麼多有趣的人，「我體內幾乎沒有餘地讓我對自己的感覺與思想感興趣。」

為了表彰這位備受尊崇的作家與歷史家，在他80歲生日時芝加哥以他的名字命名了分界街橋。除了一大堆大學的榮譽學位外，他還獲得了國家書獎的終身成就獎，而克林頓總統也頒給了他國家人文獎章。這裡有個小插曲：他因畢生不開車沒有駕駛執照而被擋在白宮的門外。結果還是用芝加哥的老人乘車證證明身份後才得以進入白宮去領獎。

在他晚年，這位偉大的傾聽者卻幾乎全聾，但他繼續寫作，在90歲以後出版了四本書。他把五千多小時的錄音贈送給芝加哥歷史博物館，其中大部分已被搬上網絡。對一個現代技術的低能者（不會開車、勉強能操作錄音機、從未使用過電腦）來說，實在是個甜蜜的反諷。

特寇對他的訪問對象有一種不可思議的神秘的移情能力，使他迥異於一般的訪問者。「史塔慈就是喜愛人們，」一個幫他整理過許多訪問記錄的同事說：「深深地，以無邊的熱情。」

　　「我曾同他一起搭乘過計程車，對他能讓司機在我們抵達目的地之前便把一生的故事和盤托出的那種能力，感到不可思議。」另一個朋友說：「那是一種天賦，來自同情、好奇以及願意讓別人表達他們的觀點，即使他也許並不認同。」

　　特寇是一位有良知與勇氣的知識份子。對社會上的不公與謊言常勇敢地站出來指責。當全國因克林頓總統的白宮緋聞而鬧得沸沸揚揚的時候，他寫了一篇題為「說謊的真相」的短評，引用十九世紀末作家馬克吐溫在一篇叫做「論生活藝術的沒落」的文章裡說的話：「⋯⋯當我談到說謊藝術的沒落，我指的是沈默的、沒說出口的謊言。它其實也無所謂藝術：你只要保持緘默、隱藏事情的真相就得了。當整個國家為了專橫及騙局而對漫天大謊保持緘默的時候，我們為什麼要去斤斤計較一些私人的小謊言？」接著特寇想像馬克吐溫如果還活著會說些什麼話。當然他會對克林頓的課外活動說上一兩句，但他一定會去追獵那些更大的謊。對美國在推翻伊蘭、智利以及危地馬拉的合法政府所扮演的角色，對美國在薩爾瓦多及尼加拉瓜的殺手小隊（美其名曰「自由鬥士」）所扮演的角色等等，一定會有痛切的說法。除了少數非主流刊物外，美國的新聞界絕大多數都犯了馬克吐

溫所說的「沈默的、沒說出口的謊言」的罪。當一個私人的小謊佔據了歷史上最大篇幅的時候，那些沈默的巨謊卻連一個腳注的地位都得不到。馬克吐溫一定會在他的墳墓裡暴跳如雷，特寇推斷。

讓我覺得特寇特別可親的，是他永遠無法說「我愛你」這回事。「從來沒有」，他對一個傳記作者袒露胸懷說，「我開不了口。我能感到它，當然，我想我能感到它─但我無法說出。別問我為什麼。人們對我說它，愛達對我說它，但我就是無法說回去。」

無獨有偶，不久前我家老二也說他從未聽我說過「我愛你」這三個字，害得他也沒養成說「我愛你」的習慣。偏偏二媳婦是個喜歡說又喜歡聽「我愛你」的人。她每天至少對丈夫甚至對他們養的小狗說上不知多少遍的「我愛你」，聽不到回音當然免不了會有怨言。

但正如一位評論者在談到特寇難於出口的「我愛你」時所說的：「其實也真沒必要。他不說人家也都知道。」

古典音樂

芝加哥交響樂廳

我常說芝加哥有文化，不僅因為這城市有獨特的建築，一流的交響樂團，收藏極豐的美術館、自然歷史博物館、科學與工業博物館等等，更因為它擁有兩座古典音樂電台，一年到頭從早到晚播放古典音樂。從芝加哥開車向東向西向南向北，漸漸地收音機裡美妙的古典音樂便摻進了沙沙的雜音，終於游絲般中斷。任你怎麼調撥，從東岸到西岸，小鎮到大城，再也找不到另一個（至少我的經驗如此）隨時播放古典音樂的電台。這種時候最使我懷念起芝加哥來。當收音機傳出貝多芬的交響樂或蕭邦的鋼琴曲，我便知道車子已進入了芝加哥的方圓之內。可惜近年來喜愛古典音樂的老一代聽眾日漸凋零，而年輕人多趨趕蹦蹦跳跳的熱門，古典音樂包括歌劇都多少被冷落了，電台的廣告收入及捐獻隨之大為減少，兩座古典音樂電台現在只剩下一個，而且還不時舉辦喋喋不休的捐款活動，真有點煞風景。

　　有人做過試驗，在牛棚裡日夜播放輕鬆的古典音樂，會使乳牛的產乳量增加；考試前聽莫札特的音樂，會得到較佳的成績。我自己的經驗是，音樂使我精神愉快心靈舒暢平安、工作效率增加。所以從一早醒來到晚上熄燈睡覺，我都讓自己沉浸在古典音樂的暖流裡。

　　但不是每個人都能接受或喜歡古典音樂。初中時期我住在台中家裡，父親便常要我把收音機關掉，說吵死了。我猜古典音樂在他老人家不習慣的耳裡，大概同外國人聽京戲一樣，一定也嘔啞嘲哳難為聽吧！

我真正對古典音樂發生興趣，是在臺北工專唸書並參加合唱團以後。合唱團的指揮是作曲家兼歌唱家朱永鎮先生。他經常出國講學，每次都帶回來一大堆每分鐘三十三轉的新唱片。那時台灣的音樂環境同經濟環境一樣，都相當貧乏。市面上能買到的大概只有圓舞曲或卡門序曲之類的比較通俗的音樂，每分鐘七十八轉的小唱片，用手搖的唱機沙沙唱出。因此他每週舉辦的音樂欣賞講座，深深地吸引了我們這群如饑似渴的學生。朱先生不但音樂學識豐富，知道音樂界許多軼聞與典故，人又風趣，常用他那低沉渾厚的男低音，配合他從國外帶回來的那些精美的唱片與唱機製造出來的音樂，諄諄善誘人地把我們帶進了古典音樂萬紫千紅的花園。

　　時代與科技的進步把本來屬於宮廷貴族的許多東西，帶給我們這些平民老百姓。古典音樂便是其中之一。斜躺在舒適的沙發上，一邊吃甜蜜多汁的無子綠葡萄，一邊聽立體音響設備流瀉出來的弦樂四重奏，我常有帝王也不過如此的幸福感覺。但再好的音響設備，總沒有現場演奏的音樂聽起來舒服過癮。從前我們常開車進城去聽芝加哥交響樂團的演出，但路上的時間很難把握，特別是冬天下雪的日子。有一個下雨天，又碰上有什麼球賽，交通堵塞，本來只要四十五分鐘左右的車程，竟走了將近兩個鐘頭。待我們匆匆趕到現場，演奏已開始，只好同其他一些遲到的聽眾，在場外觀看螢幕上的播放，等中場休息時再入場。那次經驗多少冷卻了我們的熱情，有幾年不常光顧。

最近兩年住在城內，喜歡古典音樂的二兒子夫婦買了個五人包廂季票，碰到有我們喜歡的節目，便請我們一起去觀賞。那麼近距離地聽看演出，別有一番滋味。

　　前些日子芝加哥一家電子商店廉價出售古典音樂唱碟，五六十分鐘的音樂才賣兩三美元，而且都是些有名的樂團演奏的。我對之群說，花這麼小的代價獲得這麼大的文化享受，不善加利用，未免暴殄天物。但我有一位搞科技的同事說他不喜歡聽古典音樂。他說古典音樂是已死去多年的人寫的東西，形式簡單缺乏變化，不合今天的時代要求。我問他聽過哪些作曲家的作品，他列舉了巴赫、海頓、莫札特及貝多芬等名家。我建議他不妨也聽聽較近期如鮑羅廷、勃拉姆斯、穆索爾斯基、馬勒、德彪西、西貝柳斯、斯特拉文斯基、以及普羅科菲耶夫等作曲家，甚至更近代或當代作曲家的作品。他們的音樂繁富多變，絕不單調。就像我們讀詩一樣，不能老停留在詩經離騷甚至唐詩上面，不管它們有多偉大多美好。古典的意義不在於年代的久遠，而在於它那帶有理想及人道主義色彩、中庸平衡、清明洞達、從容不迫以及嚴肅持久的精神上。這也是其他所有藝術如繪畫及文學所共同具有的精神。我是一直這樣理解。

芝加哥交響樂廳前門

明天會下大雪

芝加哥雪景

今年冬天芝加哥的天氣相當反常，前些日子人們還穿著單衣在戶外活動，這幾天卻遭遇到三十多年來最大的一次暴風雪。迎風的陽臺上出現了一個有五、六尺高的小雪丘，落地窗也有一半埋在雪下。由於最近幾年的冬天都很暖和，雪也下得不多，所以當電視裡一再發出暴風雪的預警，我們雖沒把它們當耳邊風，卻也不夠警覺。等雪真的下來了，才想起汽車油箱裡的汽油所剩無幾，鏟雪機也還沒送去做例行檢查，連手用的鏟雪工具也不足。好在是新年假期，用不著出門，可好整以暇地對付車道上堆積的那兩三呎高的雪。何況風勢強勁，鏟過之後不久又會被雪鋪滿，等於做虛功。

但左鄰右舍的大人小孩們都已紛紛出動，看樣子我們也不好不自掃門前雪，而且經驗告訴我們，讓積雪堆壓成冰，鏟起來將更費勁。花了兩三個鐘頭的時間在刺骨的冷風裡連推帶鏟，我們終於把車道清出一條小巷來。而一直發不動的鏟雪機，這時大概也覺得不好意思，突然發動了起來，幫我們把車道上剩餘的積雪清除。我們的臉都凍得通紅，鼻孔呼出的霧水在我的眼鏡上結成一層白冰，而汗水卻濕透了我的內衣。放下工具，看著開闊的車道以及兩旁高高堆起的白雪堤岸，我們都滿意地笑了。

記得前一次的芝加哥大風雪是在1979年1月。13日那天，在一天之內下了41.9公分的雪，創造了日雪量的最高紀錄。之後雪仍不斷地下，到第二天晚上，一共下了47.8公分之多。從那以後一直到2月底，

嚴寒的天氣和陸續不斷降落的雪把整個芝加哥的高架鐵路系統（俗稱的「芝加哥L」）的鐵軌都凍住埋沒了，通勤的旅客紛紛湧向公共汽車，很快地就把整個系統給擠成癱瘓。平時只要三、四十分鐘的車程此刻需要好幾個鐘頭。而為了避開堆滿積雪的街道，公共汽車不得不繞道行駛，使通勤的時間更大大地拉長。而鏟雪車遲遲不露面，當它們終於出現時，繼續不斷的風雪更使它們手忙腳亂應付不暇。足足有兩個月的時間，街頭堆積如山的雪，嚴重地阻礙了交通，連垃圾車都無法通行運作。那段時間，各自為政的郊區小鎮，反應似乎比芝加哥市好得多。它們或擁有自己的掃雪車隊，或包給民間的掃雪公司負責。像我居住的小鎮，大部分的街道很快都能勉強通行，只是我記得有好長一段時間，幾乎所有的汽車天線上都高高地紮了條紅帶子，讓汽車在街沿積雪高過人頭的街上行駛時，能看到交會路口駛近的車子。

對那場雪災的遲緩與不足的反應，芝加哥市民們紛紛把矛頭指向當時的市長邁可・波蘭迪克。新聞的攻擊更是不遺餘力。當年四月的大選他只好鞠躬下臺，把市長的寶座讓給了珍・波恩，芝加哥的頭一位也是到今天為止美國所有大城市中的唯一女性市長。

有了這次痛苦的經驗，接下來的幾位市長，包括多次訪問中國最近才退任下臺的戴利市長，都兢兢業業，每次聽到「明天會下大雪」的天氣預報，便趕緊督促下屬嚴陣以待，隨時準備出動，鏟雪灑鹽，

關閉學校，為無家可歸者預備好足夠的床位，等等。每次看到雪才稍停，大部分的交通要道，特別是高速公路，便已打掃得乾乾淨淨，車輛暢行無阻，效率之高，令人讚嘆。說來說去，還得感謝1979年這場暴風雪。但更重要的，我想是拜民主政治之賜：為了選票，公僕們不能不兢兢業業於公眾的福祉，不敢作威作福顧頂自用。

　　關於雪，我曾寫過不少詩。下面這兩首都寫於1978年，卻出於兩種完全不同的心情：

雪仗

隨著一聲歡呼
一個滾圓的雪球
琅琅向妳
飛去

竟不偏不倚
落在妳
含苞待放的
笑靨上

大雪

一夜之間
把個大地
刷得
比粉牆
還白

讓一切重新開始
讓第一張貼出的大字報
只是簡簡單單
一筆一劃都不苟且潦草的
斗大的一個字

人

上：1979年芝加哥大風雪的街景之一
中：1979年芝加哥大風雪的街景之二
　　（Source: Chicago Tribune, photo by
　　Michael Budrys）
下：1979年芝加哥被大風雪癱瘓了的火車系統
　　（Photo from the Chicago Transit
　　Authority Collection）

鏟雪少年在何方

芝加哥雪景

記得三十年前我們初到芝加哥的時候，每次大雪過後，總有年輕人拿著雪鏟上門，問需不需要人幫忙鏟雪。每次我都笑著婉謝。這次芝加哥遭遇到三十多年來最大的一次風雪，鏟著高可沒膝的積雪，我一邊惦念著住在幾條街外的一位朋友，不久前他才因心臟病開刀，不知此刻有沒有找到人幫他鏟雪。猛然想起，已經有好幾年沒看到那些肩挑雪鏟沿門找工作的年輕人了。

　　這兩天湊巧讀到《芝加哥論壇報》上一篇關於今年大風雪的報導，談論的正是這樁事。根據兩位記者到各社區的專訪所得反應，一般人都認為今天的年輕人太懶散了。一位五十六歲的公共工程技工說：「年輕人不想工作，他們手上有太多他們父母給的錢。」一位三十七歲的工人上個週末看到對街一個年輕人在玩摩托雪橇，而他卻在那裡掙扎著替這位年輕人的老祖父清除車道。「真有點可悲。」他搖著頭嘆息。而一位七十二歲的老寡婦說因為沒有年輕人來敲門，她只好每次花五十元找職業庭園服務公司的人來替她鏟雪。

　　事實上，在零用錢多多、工作到處是的郊區，拿著雪鏟挨門逐戶去替人家鏟雪賺錢，這樣的念頭在今天的年輕人看來，多少有點天方夜譚。「大部分的小孩都有了他們所需要的東西，」剛同男友逛完購物中心、在麥當勞歇腳的一位十七歲的女孩子說，「我不想同意大人們說的年輕人不願多做工的話，但那是事實。他們寧可在暖和的商店裡面工作。」在另一個郊區的商場裡，兩個十六歲的男孩在追逐女

孩。問他們為什麼不利用學校停課的時間去鏟鏟雪，既可賺點外快又可得些運動並消磨時間？「我們很懶，我完全承認，」其中的一個咯咯地笑著說。

當然還是有例外。一個十七歲的小孩說他整個週末都在替人家鏟雪。他的推銷廣告詞很簡單：「要不要我替你鏟雪？外頭很冷呢。」他說他共賺了九百元。

實幹苦幹的創業精神拓造了個人與國家的財富，但富裕的一代往往也容易養成好逸惡勞的下一代。我常想，日本近年來的經濟不景氣，是否同它嬌生慣養的年輕一代有關？至少，在亞運或世運上，我們已見不到日本當年叱吒風雲的氣勢。沒有多少個年輕人肯犧牲安逸的生活，去接受一個運動員所必經的艱苦訓練過程。

由於美國是一個開放多元的社會，我想在可見的未來，也許不會像日本那樣，走上盛極而微的困境。它的自由與相容並蓄的寬鬆環境，吸引了來自世界各地的人才。從頂尖的科技工作者，到主要來自墨西哥的廉價勞工，都成了它的新血。

忽然想，上面提到的那位賺了九百元的年輕人，會不會是來自一個新移民的家庭？

芝加哥雪景

阿岡國家實驗室

阿岡國家實驗室鳥瞰圖
（Source： Argonne National Laboratory photostream）

　　1969年我從威斯康辛大學取得核工博士學位後，到位於芝加哥西南郊的阿岡國家實驗室（Argonne National Laboratory）工作的時候，正是核能發電先進系統研究熱火朝天的年代，而阿岡國家實驗室也成為世界在這方面的研究中心，風光一時。我記得當時法、德、日等國的研究機構都曾派員前來學習。但好景不長，不久美國民間的反核運動風起雲湧，再加上美國的能源政策隨著政黨輪替執政而搖擺不

定，浪費了許多金錢不說，許多研究人才也因覺得前途渺茫而紛紛另謀出路或乾脆轉行，核能的研究中心也逐漸轉移到其他國家。雖然後來因為能源危機的出現，美國對核能發電再度發生興趣，但人才與研究設施不是一兩天便能培植出來的，早先的領先地位已經一去不復返了。幸好阿岡是個多領域的研究機構，此處不留人，自有留人處，其他有經費卻人手不足的部門趁機吸收了不少有經驗的科技人才。我後來便轉到另一個部門，從事能源與環境系統的研究工作，退休前的幾年，我還參與了電動車的設計研究工作。讀化學專業的內人之群則在阿岡的化學部門，研究發展電動車所使用的電瓶。

1946年成立的阿岡國家實驗室是美國第一個從事科學與工程研究的國家實驗室，也是美國中西部規模最大的國家實驗室。早期這個實驗室名叫芝加哥大學的冶金實驗室，是製造頭一顆原子彈的曼哈坦計劃中的一部分。後來轉變為多用途的實驗室，從事基本科學研究、能源與環境保護等多種項目，在許多科技領域裡都有舉足輕重的領先地位與貢獻，還有不少世界第一的發明或裝置。如證實核能發電的可行性的第一座原子堆，第一次用超音波掃描人體，第一個使用ALPHA輻射分析月球表面的技術，第一座裝置產生世界上最亮的X光以利各種材料分析研究等，便是其中幾個比較卓著的例子。

阿岡國家實驗室是美國能源部屬下的幾個國家實驗室之一，是大芝加哥郊區主要經濟中心之一的「伊利諾州科技研究走廊」中的主要成員。科技研究走廊的其他組成分子有朗訊，麥當勞總公司，泰樂公司，伊利諾數學與科學學院在內的十三個大學或學院，費米國家加速器實驗室，幾個醫院及醫學院，以及政府機構及購物中心等。

　　實驗室位於芝加哥的西南郊，離城中心約40公里，占地6.9平方公里，四周都是樹林，環境優美，外表看起來像一個大學的校區。全盛時期員工達五千多人，其中有將近一千人擁有博士學位，也有不少博士後的臨時工作人員。每年暑假都有許多大學生來各個部門實習。每年還有一個開放日，讓民眾自由到各個部門參觀各種展出及說明。

　　阿岡國家實驗室因為周圍都是樹林，經常可看到小動物出沒，特別是冬天，常有白鹿成群結隊跑到馬路邊上流連，等待好心人餵它們一點麵包。這是一種很罕見的鹿種，有些訪客還以為它們是某種實驗或受到輻射的結果，其實這種品種在北非、歐洲或亞洲部分地區都可看到。我退休前每天中午如不被之群拉去參加午間有氧運動，便一個人在園區內跑步。有一次跑步時看到一群白鹿在路邊吃草，便放緩腳步停下來欣賞，還為這個經歷寫了一首有附記的題為〈看鹿〉的詩：

2009年開放日的來賓
（Source： Argonne National Laboratory photostream）

2009年開放日，兩位小朋友正聚精會神地看
磁鐵漂浮實驗
（Source： Argonne National Laboratory
photostream）

蹑手蹑腳

這傢伙

準不會安著什麼好心

想必是有這樣的警覺

它們當中的一隻

才會突然停止

悠閒的吃草

把耳朵豎得高高

用近視的眼睛監視著我

這異常的靜寂

很快驚動了牠的同伴

紛紛抬頭觀望

接著便有沉不住氣的腳

開始緩緩移動

終於引發

一場驚天動地的

大逃亡

只剩下

廣漠的天地間

一個孤零零的我

在咀嚼

人類的原罪

附記：

我工作的阿岡國家實驗室，在芝加哥西南郊，占地甚廣，除建築物外，便是大片的草坪及樹林。林中聚居有眾多的白鹿。天氣好的日子，常可見到牠們成群結隊到林外來曬太陽，在草地上散步吃草。一向人鹿相安，互不侵犯。偶然牠們要越過馬路，人車還得讓牠們先行。而冬天大地冰凍，覓食不易，常有專人把麵包撒在路邊，餵養牠們。可以說，這些鹿是天之驕子，長久生活在一個無憂無慮的樂園裡，不受狩獵的威脅。我中午跑步碰到牠們在林外時，總忍不住要緩下腳步來看看牠們。但牠們一看到我停下來，便相偕遁入林間，每次都使我悵然若失。我想，也許牠們的祖先曾吃過人類的虧，代代相誡，才使牠們對人類懷有敬而遠之的戒心吧。

之群和我從阿岡退休已有十多年了，但我們仍每星期風雨無阻三次去參加同事們自己組織的午間團體有氧運動。對於這個我們工作了20多年的地方，我們都有一份特殊的感情。首先，這個機構的研究氣氛很濃厚卻很自由，有點大學的味道，卻無需教學，只要把自己份內的研究工作做好，也不需要像一般公司機關那樣上下班按時簽到打卡，工作幾乎沒什麼壓力。我的兩個兒子便常笑話說你們那算什麼上班啊？除此之外，同事間相處頗為融洽，彼此在工作上互相幫助合作不說，在工作之餘也常相來往。實驗室裡知道我業餘寫詩的人不多，但我早年翻譯現代詩，特別是從中文翻譯成英文，便得到一位喜

歡文學的美國同事的大力幫助，每個週末到我家來一起討論。另一位化學家同事讀了我的〈鳥籠〉詩，大受感動，說它讓他想起了滯留在立陶宛故鄉的父母的處境。他後來一直鼓動我出版一本英文詩集，說他願意資助出版。我當然不會讓他破費，但我後來出版的第一本英文詩集《秋窗》，應該同他的鼓勵有關。其實對這實驗室抱有同樣感情的人還相當不少。我認識的幾位同事，包括著名的華裔物理學家鄧昌黎博士，退休後仍每天到辦公室去轉悠，或義務提供咨詢服務，或利用辦公室的設備從事撰述工作。

阿岡國家實驗室內的白鹿群

（Source： Argonne National Laboratory photostream）

科學與藝術

粗看像一件精緻的藝術品，阿岡國家實驗室的伽瑪球是世上威力最強大的儀器，能偵測高能伽瑪射線以便研究物質的核子結構

（Source： Argonne National Laboratory photostream）

由於業餘寫詩，常有親友笑我不務正業。而在我工作的科研單位，我發現一般科技工作者，尤其是來自台灣的同事們，往往自摒於藝術大門之外，不屑或不敢去接觸文學藝術，不肯讓文學藝術滋潤豐富他們的精神生活。我常為此感到困惑可惜。

　　日前碰巧在報上讀到一篇有關這方面的報導，算是為我提供了一點答案。

　　曾得1983年諾貝爾物理獎的芝加哥大學印度裔教授成都拉（Subrahmanyan Chandrasekhar，暱稱Chandra），是本世紀天文學權威之一。他早年對星球死亡的研究導致了宇宙黑洞的發現。現年80的他仍每天準時八點半到達辦公室，然後關起門來，整個上午用一支老式的鋼筆工整地寫下一頁又一頁的文章。只是，他現在寫的不是有長串方程式的天文學論文，而是分析藝術創作與科學發現的學術著作。

　　引起他對藝術與科學關係的探討發生興趣的，是下面這個問題：為什麼像貝多芬、莎士比亞這一類藝術家在晚年似乎都心境平和，而科學家如牛頓、愛因斯坦在年輕時建立了良好的事業，卻用餘生去苦苦尋求答案？

　　成都拉教授說，表面上看起來，在科學家的自律與藝術家的感情之間似乎有光年的距離，但他越來越相信，使一個人把顏料塗在畫布上同使另一個人透過顯微鏡去觀察的，是同樣的人類創造本能。

　　一般人都把科學家當成按部就班的研究者，小心翼翼地根據邏輯

從一步走向下一步。但許多科學家在回顧他們的重大發現時，卻都覺得經歷了一種突發的創造力，幾乎是像詩人或畫家所常有的那種神秘而不合理性的洞察力。偉大的科學家常把自己當成同藝術家一樣，是美的朝聖者。物理學家也如畫家與建築師對比例與優雅有天生的吸引力。但許多科學家的結局似乎指出了科學創造力的基本差異。在發現的瞬間，科學家往往為了自己能窺見大自然的奧秘而有一種超凡的感覺。在下意識裡，他開始把自己當成大自然的主宰，而不是大自然的學徒。可能就是因為這種感覺，導致了許多科學家在晚年停滯不前。

英國科學家兼小說家斯諾（C. P. Snow）多年前曾對所謂「兩種文化」的問題大加譴責。他說達文西是一個偉大的畫家、發明家及科學家。但現代的科學家及藝術家們卻躲在不同的知識小世界裡，各自為政互不相涉。

成都拉教授認為斯諾的論調對文學藝術家來說也許並不正確；他們當中仍有不少人感到有向外發展並廣泛吸收各種知識的需要。藝術家們因此常能在晚年達到一種成熟的寧謐，能夠繼續不斷地創作出新的藝術並欣賞他們同儕的貢獻。莎士比亞的最後劇本證明他晚年創作力並未減退。而貝多芬在臨終時仍孜孜研讀韓德爾的全集。

相反地，現代的科學家們卻大多把自己關在小小的實驗室裡，埋頭於自己的研究工作。他們很少關心別的領域，有時甚至連自己的研究動機都不去加以考察。

因為這個緣故，二十世紀最偉大的科學家愛因斯坦在發表相對論之後，直到他去世前漫長的四十年間，不曾對物理再作出重大的貢獻。從他的傳記裡，我們可看到晚年的他一天到晚坐在那裡，不搞任何實質的物理，只搬弄著他的數學方程式，徒然地尋求著一個新的、涵蓋更廣的物理定律。

　　成都拉教授說他常問自己，為什麼科學家們不能像藝術家一樣在他們的晚年展露出一種安詳雍和的神情？他說，你能想像貝多芬或莎士比亞在他們臨終時不快樂嗎？

　　附帶一提：我也常警問自己，寫了大半輩子的詩又做了許多的畫及雕塑，如果無法使自己的心靈恬淡安舒，甚或終日棲棲遑遑，像那些為名利而奔逐鑽營的人一樣，我是否有臉稱自己為詩人藝術家？

生活在美國

芝加哥捷運

幾年前有一個讀者向《芝加哥論壇報》的一位專欄作家訴苦，說他連一件關於美國的好事都想不起來。這位作家不相信美國有這麼糟，便向他的讀者們徵求意見，結果收到了五萬多封信。他後來在他的專欄裡陸續選登了一些讀者們列舉的生活在美國的好處。我當時讀了，不知是感到新鮮或什麼的，總之順手把它剪了下來。這兩天整理抽屜，重讀了這兩張沒有日期且已發黃了的剪報，頗有感觸。

也許是我住的美國中西部民風比較純樸保守，我認識及印象中的美國人，同好萊塢電影裡描繪的大有出入。他們一般都喜歡接近大自然，對生活都相當踏實執著且容易滿足。一片美麗的夕照，一條潺潺流動的小溪，一杯熱騰騰的咖啡，一本好書，一張舒適的床，小孩們嬉戲的聲音，甚至一個熱水澡，一通電話，都能使他們感到生活的自由、幸福與快樂。下面便是他們認為生活在美國的好處的抽樣：

- 新生嬰兒的初啼
- 8月的甜玉米
- 壁爐竄升的火焰，一缽爆玉米花，以及奧黛莉赫本的〈羅馬假期〉錄影帶
- 夕陽下的密西根119號公路
- 教文盲識字的義工
- 寒夜裡一張溫暖的床

- 給編者寫信

- 供應貧民湯水的廚房

- 聖誕夜的唱詩班

- 西部土風舞

- 鋪好的路面

- 免費的戶外演奏

- 在社區公園看棒球或籃球賽

- 《頑童流浪記》

- 佛洛斯特的詩

- 一隻剛孵出來的小鴨子

- 鏟雪機的駕駛員

- 911緊急電話系統

- 新煮的咖啡

- 剛榨的檸檬汁

- 威斯康辛州北部空氣的味道

- 一看到有點不對勁便趕緊跑過來幫忙的鄰居

- 老友的電話

- 熱水澡

- 在小溪涉水

- 風鈴

- 夜裡懶洋洋飄落並改變了院子、村鎮與世界的雪
- 一個十二歲的男孩用所有積蓄，買了一盒情人節糖果給他的媽媽
- 到處是高爾夫球場
- 一朵粉紅色玫瑰
- 保留給殘障者使用的停車位
- 星夜在鄉間後院看天，遠離都市燈光
- 禮拜天早晨，一份報紙同一杯咖啡
- 警察及消防隊員靜靜地執行任務
- 在田納西州納許維爾市的汽車牌照局工作的那位女士，她花了一個多鐘頭把三部汽車混淆的牌照號碼理直，臉上一直帶著微笑
- 救世軍
- 街坊派對
- 聽到你的十幾歲的小孩說：「媽，我愛妳。」
- 乾淨的床單
- 營火
- 夜光
- 小孩們玩耍的聲音
- 在人家家裡或任何地方聚會，談論任何話題

- 藍空上一隻小蜂鳥

- 舒適的鞋

- 車房的舊物大賤賣

- 在窗內吃早餐看飼鳥器引來紅衣鳳頭鳥

- 被迎入你孩子的學校教室看他們學習

- 造給低收入者居住的廉價屋

- 投票者

- 州際公路

- 少年球隊的「每個人都打打」的哲學

- 急救病房裡的醫生與護士

- 一隻迷失的寵物回到主人的懷抱。

我還想再加上幾個：

- 在餐館裡不必高聲叫嚷就能同你身邊的朋友談話

- 你無意間多看一眼的漂亮女孩回你一個甜蜜的微笑

- 前面的人微笑著撐開門板方便後面的你進入商店或公共場所

這一天在芝加哥

戶外音樂會

一睜開眼，明亮的陽光便如爆竹般從簾隙間劈啪進入，逼使他把眼睛閉起來。突然他意識到，這不僅僅是新的一天，或新的一年，在他面前，是一個嶄新的世紀哪！他猛然又把眼睛張了開來。

記得去年這時節，到處是狂歡的人潮，迎接千禧年及新世紀的到來。雖然也有人引經據典，證明2001年元旦才是新世紀的開始，但興奮的人們根本聽不進任何煞風景的話。更有人不惜花費鉅資，跑到遙遠的地方，住進昂貴的旅館，或搭乘豪華的遊艇，只為了迎接，新世紀照射地球的第一道陽光。當時他也不能免俗，與一批同事到一個大飯店參加除夕派對，飲酒跳舞狂歡，有如地球真如聖經上所預測的，已到了末日。第二天中午醒來，除了頭痛欲裂之外，卻什麼都沒發生。末日沒有來臨；電腦千禧蟲也沒如一般所擔憂的，在零時發作；太陽依舊從東邊升起往西邊落。今年新的世紀真的來了，大家反而是一片平靜，大概新世紀已多少失去了它的新鮮感。而他，雖然還是同一些朋友去參加了在一個鄉間俱樂部舉行的除夕派對，卻決定滴酒不沾，自願擔任當晚的「指定司機」。

「指定司機」這個觀念是近幾年才興起的。1980年，一小群美國婦女在加州發起了一個叫做「母親們反對酒醉駕車」的運動。起因是有一個人連續酒醉駕車肇禍，保釋後才兩天又故態復萌，開車把一個13歲的小女孩撞死後逃逸。這個組織現時已發展到擁有全國600個分部，並在立法及教育大眾（特別是年輕人）方面，取得了可觀的成

就。在全國每年車禍喪生的大約四萬人當中，因酒醉駕車肇事的比例從1982年的百分之57降到1999年的百分之38。「指定司機」便是在她們的努力下，受到越來越多年輕人接納的措施之一。有了清醒的「指定司機」，同伴們便可開懷暢飲，不必擔心在派對結束後，因酒醉駕車而導致車毀人亡的危險。

照理，像他這樣的年輕人，剛從名校畢業，有一份固定的職業，從事的又是日新月異、蒸蒸日上的互聯網工作，在辛勞了一年之後，放鬆一下自己也是無可厚非的。但今年的景氣（或者該說是不景氣）大異於去年。去年這時候，美國股市飛漲，高科技及互聯網公司一片好景，員工紅利豐厚，大家心情如火爐般熾旺。公司主管搞慶祝派對出手闊綽，想盡方法辦得有聲有色，務必比別家更豪華更有氣派，以廣宣傳。人們不但可喝到特定年份首次開封的美酒，更可在重金聘來的名樂隊的演奏下，翩翩起舞。今年不同了。股市大挫，高科技及互聯網公司一片裁員之聲，不少公司紛紛取消原定在大旅館的派對，而僥倖沒被裁掉的人，也沒什麼心情慶祝。

而剛開始的這個冬天，也有點來勢洶洶。去年這時候，有人還穿著短袖衫在打高爾夫球。此刻的街頭卻已堆滿了積雪，枝頭及屋簷都垂掛著冰錐，使呼嘯的北風更顯得嚴峻刺骨。再加上新政權上任政策的不確定性以及經濟衰退可能性的增加，能源尤其是取暖用的煤氣的價格飛漲，還有世界各地的嚴重污染把大氣臭氧層戳了一個大洞……

幸好今天，一年一度的「玫瑰花車大遊行」，將在四季如春、陽光普照的加州帕沙迪納市街頭，五彩繽紛地展開。而全國各大學爭奪橄欖球冠軍的「玫瑰杯」，也將在喊聲震天中登場。此刻他要做的，是從冰箱裡取出一瓶冰啤酒，在舒適暖和的沙發上坐下來，把現場轉播的電視機打開。

企業家詩人

午休圖書館

美國前任桂冠詩人泰德・庫舍曾經擔任過尼布拉斯加州一家保險公司的主管，出版過十幾本相當暢銷的詩集。在他擔任桂冠詩人期間，曾到芝加哥訪問，我同一位美國詩友特地從郊區開車進城去聽他的朗誦與演講。他說寫詩帶給他許多好處，在一個電話紛響、文件亂飛的雜亂世界裡，寫詩使他恢復了心靈的秩序與安寧，是一種免費卻無價的高尚娛樂。

根據非正式的統計，光是在芝加哥這個城市，便有不下於一百位的「詩人主管」。他們利用空檔──咖啡時間，午休時間，搭乘火車上下班的時間──把一天中的所見所聞所感所思，用詩歌的形式在紙上或電腦上記錄了下來。他們各有各的寫詩理由。有的是為了紓解工作壓力；有的是為了奪回被龐大的商業機器吞噬了的個性與自由；有的說寫詩使他們嚐到了創作的樂趣，得到了心靈的滿足；有的說寫詩使他們保持情緒的平衡，知道什麼事該輕鬆馬虎什麼事該認真嚴肅；更多的人說寫詩讓他們能更客觀也更靈活地看待問題，做出較佳的決策，因而提高了他們做為主管的工作表現；更有人說寫詩使他們的心變得更柔和，更富同情心，更易於與別人相處溝通；當然最重要的是，因為寫詩的緣故，他們能用比較天真好奇的眼光，在本來可能是平凡灰暗的世界裡，發現即使是一草一木，都充滿了生命的光輝與神奇。活水在他們的心頭潺潺流動，生活不再枯燥無聊，家人、朋友、同事、鄰居甚至街頭巷尾的陌生人，都一個個變得面目可親了起來。

當然，寫詩還提供了一個表達感情的安全出口，同事之間的一些業務或非業務上的糾葛，有時最好別在辦公廳裡張揚。泰德‧庫舍半開玩笑地說，寫詩還給了他免費的娛樂。他說只要打開耳朵或眼睛，辦公廳裡隨時隨地都有精彩的連續劇在上演，如他在一首題為〈四位秘書〉的詩裡所描繪的：「整天我聽到或偷聽到／她們清晰低柔的呼喚／從辦公桌到辦公桌／唱她們苦惱的婚姻謠曲／她們的托兒所、停車場與房東之歌」。

　　上面這些文字，是我幾年前為國內一位企業家詩人的書所寫的序的一部分。那位企業家詩人應是屬於附庸風雅的一類，通過友人請我作序。苦推不掉，只好勉力為之，但我告訴友人如覺得不合適，可以不用。不久友人婉轉來信相告，果然沒用上這篇序文。我猜可能的原因是我沒昧著良心說些好聽的應酬話。後來覺得棄之可惜，便把它寫成一篇題為〈詩人企業家〉的隨筆發表。

　　也許是因為芝加哥曾出過一位慷慨激昂謳歌過它的詩人桑德堡，又有一個歷史悠久的詩刊，這個城市可說是詩的溫床。不但許多場所，包括圖書館、書店、咖啡廳、學校等，經常舉辦詩歌朗誦，前幾年市政府的文化局還舉辦了一個叫「打電話聽詩，芝加哥！」的節目，向各界徵詩，由詩人本身或指派的演員朗誦其作品，然後任由市民們打免費電話按自己的喜好收聽。我寫的下面這首〈螢火蟲〉的英文版便由我那位對演戲有濃厚興趣的大兒子朗誦參與：

螢火蟲

根據科學家們的預測
今年夏天的螢火蟲會極端稀少
甚至絕跡

顯然他們的電腦又出了毛病
今晚這滿院子裡
閃閃爍爍此起彼落的
不正是我久違了的
老朋友們嗎

此刻問題不在於
該不該根據
他們搖擺不定的科學報告
再喝它一杯咖啡
而是我的眼睛只有這麼一雙
不知該跟隨
它們照亮的哪一條幽徑

去尋找

我失落多年的寶藏

　　我一直相信，在經濟發展到某個程度，人們不愁衣食以後，必
然會從追求物質的熱潮中回過頭來，覓求心靈的滿足與安寧，而走
向詩。

託中國桂冠詩人的福

2006年3月非馬（左）在芝加哥同美國桂冠詩人庫舍（中）與美國詩友史密斯合影

　　一位住在芝加哥的詩友不久前為紐約一個文學雜誌訪問了現任的美國桂冠詩人泰德‧庫舍（TED KOOSER）。1939年生於艾荷華的庫舍，在艾荷華州立大學及尼布拉斯加大學受教育，退休前是一家保險公司的主管，也是尼布拉斯加大學的副教授，偶而教教寫詩的課程。他是設在美國國會圖書館裡的第十三屆桂冠詩人。他的詩充滿了睿智與歡樂，是美國短詩的名家（他說他很少寫超過二十行的詩），也是

頭一位來自美國中西部城鎮的桂冠詩人，渾身充滿了鄉土的氣息。像下面這首題為「午夜」的詩，便是一個好例子：

深夜某處，
一隻狗在吠叫，
星光在它繃緊的鏈條上
如一串露珠。
沒有人在那裡
在黑暗的花園外，
沒有什麼可吠叫的
除了，也許，某個老人
把他的記憶送出去
做午夜漫步的念頭，
一件華麗的披肩
由眾多的愛所織成
在他肩膀上
漫不經心地飄盪著。

徵得訪問者及被訪問者的同意，我把訪問記與庫舍的十幾首詩翻譯成中文，並聯絡好分別在台灣、香港及大陸的詩刊上發表。這幾天正忙著為香港的刊物《詩網絡》做出版前的校對工作。剛好「芝加哥

詩中心」這兩天為庫舍在芝加哥安排了一些活動，我想機會難得，如能來一張詩人、訪問者及譯者的合照，豈不好玩？雖然天氣預測說晚上會下雪，我還是決定同另一位詩友一起開車進城去參加這場庫舍詩朗誦會，順便把印得漂漂亮亮的校樣送一份給他做紀念。

朗誦會是六點半開始，我們在十分鐘前抵達，正在排隊買門票，卻聽說票賣完了！甚麼！票賣完了？？我們可是開了一個多鐘頭的車來的啊！我把手裡拿著的裝有校樣的大信封給服務員看：「我還要見庫舍先生呢！」沒料到服務員一看到信封上我的英文名字，竟高興得大叫道：「中國的桂冠詩人來了！我們大家都在等你呢！」說完不由分說拉著我就往會場跑，我的洋同伴也沾了「中國桂冠詩人」的光跟著免費進場，省掉了十元美金的票錢。

我猜是那位訪問庫舍的美國詩友在庫舍及主辦者面前替我瞎吹噓，無中生有為我製造了一頂中國詩人的桂冠。久等不見人影，他們都有點失望，以為我不來了。一看到我（全場好像只有我一個東方人），主辦者趕緊找人替我們三個人拍了好幾張照片。

在擔任桂冠詩人期間，庫舍每天風塵僕僕到處演講朗誦，努力推動詩運，各級學校的學生更是他努力接近爭取的對象。他說他要讓年輕人們知道，詩其實是可親可愛的，只是因為歷來的教育方法不對，應付考試成了讀詩的主要目的，才讓學生們對詩產生了恐懼的心理。如能以輕鬆愉快的態度去接近詩，一定會喜愛上詩，一生受用無窮。

最近我在網絡上發現台灣及大陸都有不少學校採用我的詩當教材。這當然使我高興，因為我相信，一個充滿詩意的社會，是一個溫馨平和健康的社會，要達到這個目的，最佳的途徑是讓人們從小便接觸詩。但我也發現，我的一些詩包括〈醉漢〉竟出現在兩岸不少學校的試題中。但願孩子們不會因此一看到我的詩或我的名字便頭痛才好。

在芝加哥義賣賑災

非馬英文詩選《秋窗》封面

今年的天災似乎特別多，美國的龍捲風季節剛開始不久，數目便已超過了一整年的平均記錄；正當我們大罵緬甸軍政府的顢頇自私，無力救濟自己的風災災民卻又多方阻撓國際援助的時候，四川便發生了幾十年來最嚴重的一次地震。看著電視上驚心動魄的現場轉播，以及災難中頻頻發生的可歌可泣的充滿人性愛心的事件報導，特別是官方一反往常對國內災難事件的掩蓋搪塞，迅速投入了人力物力，配合民間的自發行動全力救災，相信沒有幾個人看了會無動於衷或不掉眼淚的。

震災發生後，網絡上幾乎每個文學網站都開闢了抗震專欄，容納排山倒海而來的詩文。我認識的幾位年輕詩人似乎也一下子從風花雪月或自賞自戀的暖窩中被震醒了過來，寫出了一些鏗鏘有力又感人肺腑的詩篇。奇怪的是，面對如此巨大的災難，我卻深深感到文字的蒼白無力，而啞口無言。

但不為災民做點什麼，似乎不忍心更不甘心。

從紅十字會的網站上捐款回來，突然想到為什麼不來個義賣籌款賑災？我手頭的中文著作雖然存書不多，但捐出一百冊英文詩集《秋窗》應該不成問題。這樣義賣的對象可包括英文的讀者，範圍更廣。

《秋窗》是我出版的十四本詩集中唯一的一本英文詩集，在一九九五年出版後不久，便獲得了《芝加哥論壇報》以兩大版的篇幅評介，當地幾家社區報也競相報導，初版銷售非常順利成功。次年再

版後，得到了一位詩評家在一個書商通訊上的推介，並把我列入芝加哥詩史上十位值得收藏的詩人之一。只是不知為何，我的熱情卻在再版後冷卻了下來，這幾年很少找機會出去推銷。

剛好5月裡有幾個我已答應參加的朗誦會在鄰鎮舉行，其中一個是由我所屬的伊利諾州詩人協會所主辦的詩畫展，我有兩幅詩畫在那裡展出，正好為義賣活動拉開序幕。

朗誦會在一個畫框連鎖店裡舉行，參展的畫家與詩人幾乎都到齊了。我在朗誦開始前宣布義賣賑災活動，當場得到了一陣熱烈的掌聲。朗誦結束後一下子賣掉了七冊，算是一個好的開端。有兩三位詩人也帶了自己的詩集去賣，卻一本都沒賣出。買書的人當中有兩三位詩友本來已有我的書，為了表示救災的熱忱，又各買了一冊，使我感動。

第二天下午在一間相當高級的酒吧裡舉行的朗誦會，是當地的一個文化活動的一環。可能是因為在不遠的公園裡也同時有活動在進行，剛從冬天裡鑽出來的人們都被陽光吸引去了，聽眾不多。我的大兒子及媳婦剛好從舊金山回來度假，也到場為我加油。酒巴的樂師是一位剛從音樂學院畢業的女孩子，彈得一手好吉他，在我們幾位朗誦者中間穿插演出助興。聽我說要義賣詩集賑災，她頭一個拿出一張嶄新的二十元鈔票遞給我，我正要找錢還她，她說不用找了，請都拿去救災吧。她說她的新婚丈夫也是詩人，剛從芝加哥美術學院畢業，一定會喜歡讀到這本詩集。為了表示謝意，我多送了她一冊。一位中年

女士也跟著遞給我十元，其他幾位聽眾也都紛紛掏錢買書。她們的愛心與對人的信任，令我久久感動。回來後同一位朋友談起，他說人家大概看出你不是那種會把錢擺進自己口袋裡的人吧。

由於網絡的涵蓋面廣，我決定把義賣推展到網絡上去。除我自己的網站外，幾個美國詩網站如伊利諾州詩人協會、芝加哥詩歌網等也都破例發佈了我義賣詩集的消息，在美國發行的中文報紙如《世界日報》及《僑報》等也都相繼刊登短訊。我同時又給國內外的朋友們發電郵，讓他們知道我的賑災活動。

從網絡上接到的頭一個訂單，是越南來的一位華裔詩人，目前住在芝加哥。他多年來糾合分散在世界各地的舊日詩友，在網絡上與報紙上辦詩刊，相濡以詩。他是我見過的最熱心也是最慷慨的詩人，多次用他有限的零用錢買書分贈詩友，光是郵資便已不貲。這次他又認購了十二冊，其中七冊由他自己寄往海外。接著住在美國及加拿大各地的詩友及讀者也紛紛寄支票來買書。從他們在收到詩集後寄來的熱情洋溢的信裡，我深深感到了人間的溫暖，也使我對詩的前景增加了不少信心。澳洲及大陸有幾位朋友也來信想買書，但不知如何匯款。我告訴他們，義賣主要只在北美進行。但後來我還是用國際郵包寄贈了五冊給四川的一位詩友，請他代為分寄給國內那些朋友。

前兩天加州一位收到芝加哥那位越南華裔詩人購贈的書後，又寄來了一張五十元的支票捐獻；昨天多倫多一位讀者說要寄錢來，買

二十冊分送朋友；今天科羅拉多一位來自台灣的老詩人來電說他從報上看到了義賣的消息，要寄錢來買十冊送人，同時趁這個機會同我取得聯繫。

　　看樣子，血脈相連的同胞愛與人溺己溺的人類同情心，還會在看不見但感得到、無邊無際的網絡上，不斷增長。

你下一本要寫什麼？

THE COLLECTED
POETRY OF
NIKKI
GIOVANNI

1968–1998

INTRODUCTION BY VIRGINIA C. FOWLER

HARPER**PERENNIAL** MODERN**CLASSICS**

妮琦・吉歐凡尼詩集封面

我曾譯介過不少美國黑人詩人的作品，它們一般都言之有物，充滿激情，真實地反映在美國社會倍受歧視的黑人同胞的處境並為之鳴不平。對他（她）們來說，詩歌是爭取正義也是影響社會的有力工具。住在芝加哥，同我通過信並說我的詩裡有一種令人耳目一新的奇特的聲音的前任伊利諾州桂冠詩人黑人女詩人布魯克斯（Gwendolyn Brooks, 1917-2000），生前便曾自掏腰包每年舉辦兒童詩歌比賽，藉以培養中小學生對詩歌的興趣與瞭解。

今年4月底的一個星期天，我從芝加哥西南郊搭乘火車進城，去參加在華盛頓圖書館—為紀念第一個黑人市長哈婁‧華盛頓而命名的芝加哥公共圖書館—舉行的詩歌節活動。幾場詩朗誦都相當精彩，但黑人女詩人妮琦‧吉歐凡尼（Nikki Giovanni）一場席無虛座的演講，給我的印象更為深刻。生於田納西州的妮琦，在辛辛納提的黑人區長大，自菲司克大學榮譽畢業，後來又在賓州大學與哥倫比亞大學進修，目前是佛琴尼亞技術學院的卓越英文教授。1968年出版了她的第一本詩集《黑人的感覺黑人的說話》後不久，便被稱為「黑人詩公主」。除出版了將近三十本詩集外，她還經常到處演講。她的詩幽默而尖銳，毫不留情地對白人社會的不公與歧視做出有力的抨擊，一生中獲得了許多黑人設置並頒贈的重要獎項及榮譽。那天她風趣的朗誦與演講，不但得到黑人聽眾的熱烈喝彩，坐在我前面的一個大學白人女生，更是激動得坐不是站也不是，演講一完，便離座搶著去排隊購

買妮琦的書並請她簽名留念。

　　在妮琦朗誦的詩當中，我最喜歡她的一首題為〈藝術家〉的詩。在朗誦這首詩之前，她說包括詩人在內的藝術家，都是希臘神話中的西西弗斯，不停地推著巨石上山，然後眼睜睜看著它滾落下來，再從頭辛辛苦苦地推上去。但這永無休止的勞動，是神的恩典而非苦刑。只有這樣不斷地面對生命的重負，不斷地磨練不斷地擴展甚至突破極限，才有可能成為好的藝術家。而人們對藝術家的要求也是永無止境。你才出了一本暢銷書，他們便問：「你下一本要寫什麼？」

　　下面是這首〈藝術家〉，譯自她的《腳踏車：情詩》：

　　就這樣
　　子

　　陽光射
　　下

　　人們漠然走過

　　而我們……透
　　不過氣來

在一潭鹽

汗裡

快樂地笑著

彼此

信賴

再一次

我們把石頭輕輕

滾到山腳下

現在

要把它推上去

但我們要等到

日落

我們要等到

店鋪

關門

我們要等到

他們把垃圾袋
擺到街上

我們要等到
狗和老鼠們
嗅出它們的選擇

我們要等到
清道夫
推著他們的掃把
而女人們推銷她們的商品

我們希望
男人們會仁慈

我們是西西弗斯

我們寫詩
我們畫像
我們雕塑

我們織毛毯

我們擺桌子

我們鋪床

我們揩淚

我們搖動忿怒

我們堅持到明天

我們把石頭推上去

我們把它輕輕帶下來

許諾我們的

只是光明的禮物

你使我

不致

孤單

流動的盛宴

海明威博物館內的部分展覽

同芝加哥這個城市緊密相連的作家，除詩人桑德堡外，最著名的大概應該是小說家海明威了。

　　1899年生於芝加哥西郊橡樹公園鎮的海明威，是六個小孩當中的老二。他在這裡讀完高中，接受他一生中僅有的正規學校教育。父親是一個醫生，喜愛大自然及戶外活動，經常帶他到附近的樹林裡去觀察大自然，過戶外生活——遠足、露營、釣魚和狩獵。他的母親是一個有天份的歌唱家及音樂教師，常帶他去芝加哥的歌劇院和博物館，讓藝術啟迪他的內心世界。他們一家都是虔誠的基督徒，在教堂裡他參加唱詩班，聽講道，培養他的精神生活。後來他還學拉大提琴。

　　在中學裡，海明威參加了許多課外活動——球隊、辯論隊、劇社和校刊等。對身邊事物的敏銳觀察，使他為校刊寫的詩和短篇小說，都活潑生動，栩栩如生。他一生中許多令人嘆服的作品大多是寫他親眼所看到的人物、地方和事件。18歲中學畢業後他到《肯薩斯市星報》擔任記者，學會了以經濟簡短而不濫情的筆調，用細節具體地描述逼人凝視的人類共通經驗的本領。我還清晰地記得，當年讀他的中篇小說《老人與海》時的驚喜經驗，給了剛開始寫詩的我不少的啟迪與營養。

　　海明威於1954年獲得諾貝爾獎。自1961年去世後，這麼多年來世界各地的讀者仍沉浸在他的冒險故事裡，新的一代讀者更在他的故事裡找到了全新的意義。1992年，一個叫橡樹公園鎮海明威基金會的組織在當地政府及文化機構與伊利諾州藝術局的資助下，將海明威出生並

住了六年的維多利亞式房子內外修整一新。房子內部的陳設與佈置，充分展現了一個有文化教養的家庭。另外在離這棟房子幾步之遙的橡樹公園鎮藝術中心，有一個海明威博物館，館內收藏了許多珍貴的照片及檔案，包括女護士艾格娜·凡·柯勞斯基（長篇小說《再見了，武器》女主角的原型）解除婚約的信件、彰顯海明威喜愛大自然與藝術以及涉及兩次世界大戰和電影的許多特別展覽。當然還有一間出售他寫的及別人寫他的書、視頻及海報招貼等的禮品店。故居和博物館的服務人員大多為義工，可以看出來他們都以有海明威這樣的同鄉為榮為傲，對他及家人的故事都朗朗上口，如數家珍。我們去參觀的那天，遊客不多，陪伴我們的解說員非常熱心地告訴我們一些書本上找不到的趣聞，如海明威專橫的母親一直希望生一對雙胞胎，所以她要海明威同大他一歲的姐姐穿同樣的女裝。她笑說這也許是為什麼海明威一生中處處都要表現得那麼有男人氣概吧。

　　關於1961年62歲的海明威在他同第四任妻子瑪莉住的愛達荷家裡舉槍自殺的事，我一直不相信一般的江郎才盡的說法。寫了那麼多部風靡一時轟動世界的暢銷小說，其中有些還被拍成了熱門的電影，而且連諾貝爾獎也得了，即使不再寫一個字，那些評論家的風言風語又能奈何他什麼呢？

　　但他終究還是自殺了，為什麼呢？最近出版的《巴黎無盡頭—海明威同他首任妻子的真實故事》似乎提供了一些線索。

同他的首任妻子海德莉一樣，他們都來自一個有自殺傾向的家庭。海德莉的酗酒的父親在她13歲時因生意失敗而飲彈自殺，1928年同樣的事情也發生在海明威父親的身上。他們還各有一個自殺的兄弟。其實從1920年當28歲的海德莉在一個10月的聚會上認識21歲的海明威開始，她便知道他有這個自殺的傾向與潛在因素。她瞭解他那些捕獲美國讀者想像力的美麗純樸的著作—不事修飾的短句，如歌的旋律，挽歌般的重複，幾乎是大自然本身的威力與浪漫的形象化—其實是他對抗死亡的手段。在他們結婚之前，海明威在他火熱的信中向海德莉傾訴他的痛苦，使她擔心他會自殺。「你不至於消沉得渴望死亡吧？」她在1921年7月寫給他的信上說，「關於這點，我能對你說的最嚴厲的話是，記住：它會真的殺死我—你得活下去—為你也為我的幸福。」1922年他們結婚後，海德莉從她嚴重的憂鬱症裡解脫了出來，找回了她堅強健康的自我與本性，諷刺的是，也使她得以安然度過日後海明威對她的背叛。而婚前缺乏安全感、動盪不安、無法專心的海明威，這時也定下心來，集中精力全面發揮他的天才。

　　1927年，海明威移情別戀，跟海德莉離了婚。之後他同富有的《時尚》雜誌主編珀琳結婚。但在這之後，那潛藏在他性格角落裡的吹牛與殘酷的天性開始佔了上風，自殺的念頭又不斷地冒了出來，他只好拼命用喝酒與工作來抵擋，身體健康及創作力也開始走下坡。雖然後來他又結了兩次婚，同海德莉也一直保持著友誼關係，但再也無

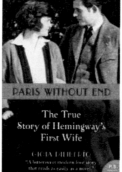

PARIS WITHOUT END

The True
Story of Hemingway's
First Wife

A Moveable Feast
SKETCHES OF THE AUTHOR'S LIFE
IN PARIS IN THE TWENTIES
ERNEST HEMINGWAY

上左：海明威在橡樹公園鎮
　　　修繕——新的故居
上中：《巴黎無盡頭——海
　　　明威同他首任妻子的
　　　真實故事》封面
上右：海明威回憶錄《流動
　　　的盛宴》封面
　下：2006年12月非馬在
　　　橡樹公園鎮海明威博
　　　物館前

法回到第一次婚姻所帶給他的安定與幸福的感覺。在他自殺前寫的回憶錄《流動的盛宴》中，他說：「我但願我在愛上她之外的任何人之前便死去。」

祖母詩人

幾位芝加哥詩友在非馬首次畫展上留影

　　最近幾年我同芝加哥當地的詩人們有較多的接觸與來往。他們當中有不少是大學或中學裡的英文教師，但更多的是來自各行各業的詩的愛好者，利用餘暇聚在一起探討詩藝，互相鼓勵支持，或相濡以沫。雖然他們的詩風一般說來都比較保守，不夠前衛，這大概同美國中部的保守風氣有關。他們當中還有許多在熱心地寫莎士比亞的商籟體或其他押韻的固定形式。有些人是覺得這是一種很好的文字技巧訓練，也有的純粹是在懷古。由於英文不是我的母語，沒有太大的傳統包袱，我可以比較輕鬆自由地寫我的自由詩。他們都覺得我帶給了他們可貴的新鮮空氣。他們特別高興能從我的詩裡體驗到中國古典詩的精煉與韻味。當然我從他們身上學到的東西更多，尤其是對英文這第二語言的體會與感覺。

總結參加這些美國詩人活動的經驗，我發現美國詩人們大多腳踏實地，肯虛心學習。他們寫詩是真的喜歡詩，很少有藉詩之名搞活動出個人風頭的。這樣便使得組織單純，不會因鉤心鬥角而鬧得不歡而散。所有的集會與活動都以詩為主，不涉及其他。

　　我這裡介紹的幾位年紀較大的女詩人，有的是伊利諾州詩人協會的會員，有的是我參加的一個詩人工作坊的成員，也有的是在詩的場合上萍水相逢。不管怎樣，她們可作為芝加哥地區詩壇的一個抽樣，我們也多少可從她們的作品中瞭解到芝加哥的日常生活以及家庭與人際關係。

　　卡森太太不認為自己是個詩人。早在我擔任伊利諾州詩人協會會長之前，她便同年紀一樣大、行動一樣不方便的卡森先生，彼此攙扶著前來參加開會。但她不是會員。每次當我們輪流讀自己的詩並接受大家的批評時，她都靜靜地坐在她丈夫的旁邊，幫他整理詩稿，偶而替重聽的丈夫重複或轉述意見，或要喜歡同人家辯得面紅耳赤的卡森先生靜下來。有時她也會怯怯地插上一兩句，表達她自己的看法。我們都覺得她的見解比卡森先生的還高明。

　　有一次在休息吃點心聊天的時候，她向我透露她也寫過幾首詩，但都見不得人。我鼓勵她拿出來給大家看看。她說讓她考慮考慮。協會每兩個月開會一次，下一個會議剛好輪到我主持。在大家的同意與

鼓勵下，她聲音柔細地朗讀了她的兩首短詩，頓時贏得了滿場的驚嘆與喝彩。從此她也正式成了協會的會員。

　　卡森夫婦在退休前都是英文教師。他們兩人一直生活在詩裡。特別在這風燭晚年，他們相依為命從詩裡找到溫暖與慰藉，實在令人羨慕。他們有幾個子女，但只有一個女兒住在附近，經常替他們打字謄稿。他們的一個兒子，二次世界大戰期間曾在中國服過役，所以老夫婦對我及我的詩都感到特別親切。我的英文詩集《秋窗》出版後不久，我曾在一個書店裡朗誦並簽名賣書。那天晚上下了點雪，我們抵達時，他們夫婦已在那裡等候多時。他們住的地方相當遠，卡森先生視力不佳，對附近的路又不熟，不敢在晚上開車，怕迷路，所以無法留下來聽我朗誦。他們要我在他們購買的四本書上簽名，說要分寄給他們散居各地的子女。看著他們蹣跚地抱著書走出書店的門，我的眼睛都有點潤濕了起來。

　　卡森太太的詩小巧玲瓏，只寫些小花小草小鳥小松鼠，卻都真摯可愛，給人溫暖的感覺。像下面這首題為〈彼此彼此〉的小詩：

　　　　鳥在煙囪內

　　　　對我悲啼

　　　　在這冰雪交加的夜晚

我將同你共用這塊石壁
雖然天很冷
我不會把火點起
怕我的溫暖將你凍斃

不說爐火把鳥燒死，而說自己的溫暖把鳥凍死，有力而新穎，予
人極大的震撼。另一首叫做〈同居〉的十四行詩，也同樣可愛：

我也許不會看到你們
那被廊柱遮蔽的窩，
要不是你們急急投入
當我站在那裡等著離去。

你們真大膽，知更鳥，
同人類雜居一起，
我們不常在這裡
你們也許以為它已廢棄。

我們的幼雛確已遠走高飛，
夜晚我們才回到這空巢。

我們將把燈火扭暗聲音壓低
直到你們的子女也準備好離去。

我們將同你們分享這居處——
你們用前廊，我們用後室。

　　詩人協會裡的另一位祖母級詩人卡爾森太太，姓氏同卡森太太相近，但多了個「L」字。平時我們都以名字相稱。卡森太太叫洛蕾塔，卡爾森太太叫安。安是個家庭主婦，寫詩，但更多的時間寫散文，是當地一個作家工作坊的成員。她在我擔任詩人協會會長期間擔任秘書工作。白天她多半在家裡替她的一個女兒帶小孩。身體比洛蕾塔清健得多，喜歡同她的丈夫到處旅遊看鳥，因此各地的景物成了她詩的主題。我的英文詩集一出版，她便買去一冊。兩天後我收到她的一封信。在信上她感謝我把我的詩結集，讓英文讀者有機會共享。美國詩人就是這麼天真可愛，花錢買書還要寫信道謝（不只安一個人如此）。不像有些中文詩人，自以為大牌，姿勢擺得極高，你免費送他書，他連謝一聲都懶得謝，更不用說要他花錢買你的書了。文友劉荒田把這稱為「熱臉貼上冷屁股」，確是妙喻。閑話表過不提。有一次安在朗讀她的一首叫做〈聚散〉的詩之前說，這首詩是受非馬的影響，有點非馬詩的味道。在這首詩裡，她寫被歲月磨鈍了感覺的一對

老夫妻的窘境。他們各自活在自己的小天地裡，對彼此的存在（或不存在）視而不見，把對方當成了傢俱的一部分。風趣而深刻，是一首不可多得的好詩：

　　有一天我外出
　　你問我一個問題
　　忘了我不在
　　那個慣常的角落
　　蜷縮在沙發上

　　有一天我在家
　　蜷縮在沙發上
　　那個慣常的角落
　　忘了你外出
　　我回答了你的問題

　　下面再介紹幾位比較突出的女詩人：
　　卡蘿・史培流斯是芝加哥地區一位資深詩人，她是一個出版社的負責人及主編，專門出版芝加哥地區詩人的詩集。下面這兩首詩選自

她的《鹿原鎮鄰區的四個聲音》。鹿原鎮是芝加哥北邊的一個高級住宅區。詩中提到的格蘭寇，是它附近的一個猶太人聚居的鄰區。

女地產掮客

這是一棟可愛的房子。
可愛的鄰區。
精挑細選。
可愛的居民。
在你左邊是安德森先生，
一個銀行家。可愛的人。
看到路那邊的灰石嗎？
他是個股票經紀人。兩個人都有個可愛的
太太。都是鄉村俱樂部。私立學校。
這裡沒有種族問題。只有少數幾個
天主教徒。沒有希臘人。可愛的居民。
你會喜歡它的。好商店，
教堂，學校。你是猶太人？
哦，那你也許會更喜歡格蘭寇。

老居民

我們的房子隱秘得

我們看不到鄰居。

大樹及灌木叢擋住了視線。

有時候我懷念我們在辛辛那提的

老鄰區，那裡我們倚著籬笆

或站在人行道上

彼此問好聊天

手裡抱著或牽著小孩。

這裡我們沒有人行道，除了地址

沒有任何聯繫。唯一我看到鄰居

是在為防癌或心臟基金會募款，

以及碰上競選白熱化的時候。

也許這樣正好！

　　格蘭娜‧豪勒威是伊利諾州詩人協會的創會會長，是一位職業藝術家，從事釉瓷、銀飾及寶石等工作。她的特約文稿，小說及詩登載

在美國許多重要的刊物上。她曾多次獲獎，包括美國州際詩人協會聯盟大獎及美國女作家筆會聯盟詩獎等。

沼澤標準時間

穿著求愛羽衣的長腿食慾，
靜止如日規上的指針，
大藍鷺統領
圍池裡自己的倒影。
這鳥必須讓鱸魚信任
游近它彈簧扣壓的等待，
進入速度的轄區
在它扳起的尖喙的弧線上。
羽毛掩蔽的陷阱擊發卻沒打中，
緩緩地這鷺鳥轉移它的藍影
到另一個區域，測計時間
以饑餓的刻度。

閃光

在我七、八歲的時候
我想像
風暴是掃起的
罪惡——裝進黑袋裡
魔鬼把它懸在我們的頭頂上
讓它因自己的重量
而突然迸裂。
而當所有的汙穢
開始溢出，
張牙舞爪如一隻跌落的貓
撕破天空，讓
天國在一瞬間顯露
比所有銀河更亮的光芒。

然後地球格格作響
當上帝猛然關閉
那鋸齒的裂縫

以一個憤怒的轟隆，

知道我們還受不了

如此無遮蔽的亮光。

　　簡‧斯克菲爾是芝加哥郊區一個中學的英文教師。她喜歡用日常生活作題材寫詩。〈書法〉一詩本來沒有標題，我建議她用〈寫作〉，她很高興地接受了，說是畫龍點睛。後來我想用〈書法〉也許更能表達這專注且無所求的母性柔情。〈填充〉一詩是她離婚後的作品，可視為一首女性自覺的詩吧。

書法

我用手指
描溯你手上的
筋脈
在你睡著的時候

填充

在去年的照片裡
我看起來像另一個人——
細弱的脖子
支撐著一張小小的笑臉。
現在我知道了我是誰
我佔有較大的空間。
攝影者朝後退
好把我納入他們的框框。

流動的花朵

蝴蝶

我一向對蒲公英懷有好感，黃花盛開的季節，漫山遍野，賞心悅目。而當短暫的青春期一過，它們便紛紛頂著白色的小傘四處隨風飄蕩，為傳宗接代的事兒奔忙，令人不禁歡喜讚嘆宇宙萬物生命的奇妙。我曾為它們寫過這樣的一首短詩：

　　　天邊太遙遠

　　　蒲公英

　　　把原始的遨遊夢

　　　分成一代代

　　　　　去接力

　　　　　　　飛揚

　　後來又寫了一首叫〈新新草類〉的詩，將它們同「新新人類」相提並論。但在我的心目中，它們似乎佔有著更大更重的份量：

　　　多半是去年秋天

　　　從什麼地方飄來的

　　　非原住民

　　　在這裡落地生根

　　　燦然開出

春天的第一朵
鮮黃

捱過了漫漫嚴冬
包容萬物滋潤萬物的土地上
終於冒出
令人耳目一新的
新新草類

　　但整潔的社區容不下它們。才一冒出土來，便有殺除野草的藥霧迎頭噴下，令它們在頃刻間垂頭枯萎。這也難怪，只要你稍一心軟或偷懶，繁殖能力強盛的它們，一下子便把整個院子佔領，甚至蔓延到鄰居的草地上去。即使你不介意鄰居們的側目，警察先生也不會輕易放過。幾年前我居住的小鎮上便有一位老太太因拒絕修剪院子而吃上官司，成為當地的一個熱門新聞。那位老太太堅持不肯剪草，說長得高高的草才會引來大批的她稱之為「流動的花朵」的蝴蝶。我不知道後來事情如何結束，但我卻因此得到了靈感，寫下一首就叫做〈流動的花朵〉的詩：

這群小蝴蝶
在陽光亮麗的草地上
彩排風景

卻有兩隻
最瀟灑的淡黃色
在半空中追逐嬉戲
久久
不肯就位

一葉知秋

非馬在住宅後院手植的楓樹

又到了黃葉舞秋風的季節。從那棵我們當年手栽、如今已長得比屋子還高出一大截的楓樹上，陸陸續續飄落下來的葉子，在後院的草地上鋪了一層厚厚的金黃色地毯。愛整潔的右鄰波蘭裔老夫婦，不等樹上的葉子落盡，便把他們後院的草地收拾得一乾二淨，準備過冬。昨天看到我在後院裡走動，老先生半開玩笑地對我說，可別叫你家的葉子跑到我們的院子裡來啊！我說我可要再過幾天，等樹上的葉子掉得差不多了，才來清除。其實，我不急著把它們耙起，是因為我喜歡踩在枯葉上那種清脆的聲音以及彈性的感覺。我曾在一首叫〈秋葉〉的詩裡表達過這種感覺：

葉落
乃為了增加
地毯的
厚度

讓
直
直
墜
下

的

秋

不致

跌得太重

　　多年前曾翻譯過一篇短篇小說，描寫一個有潔癖又性急的老頭，每年秋天一開始落葉，便在後院的大樹下，擺了幾個大桶，然後翹首等待，一看到有葉子掉下來，便趕緊撿起放入桶內。到了後來，大概是等得不耐煩了，乾脆拿起一根長竿，踮著腳尖甚至上下蹦跳，把遲遲不肯離開枝頭的葉子，一一敲落下來，直到最後一片收進桶裡為止。每年秋天耙葉子的時候，這個儀典般的滑稽場景總會自然而然地浮上心頭，使我忍不住笑出聲來。是這類鮮明而獨特的意象，使我們永遠無法忘懷我們讀過的詩文，看過的風景，或接觸過的事物。我發現有時候，一個眼神一個微笑一句雋永的話或一個不尋常的動作，便能把我們記憶中的某個人活龍活現地勾畫出來，有如這個眼神這個微笑乃他所專有，或他的一生中就只（或只需）講過這麼一句話或做過這麼一個動作似的。

　　芝加哥的冬天寒冷而漫長。常有親友勸我們搬到四季如春的加州，但我們都喜歡這裡四季分明的氣候，帶給我們心情的變化與律

動。像一棵植根於泥土的樹般，領略這裡的〈冬〉之無奈與曠達：「捉襟／卻捉下來／最後一片落葉／／呼嘯的北風裡／老人／苦笑著將手一揚／去‧去‧都去／去遠走高飛」。或〈春〉的驚喜：「把時間的皺紋／深深藏在心底／／好久不見／你還是一樣年青」。

十七年之癢

芝加哥的十七年蟬

　　第一次真正聽到蟬鳴，是1990年夏天，芝加哥地區的蟬季。那幾天無論走到哪裡，耳朵裡滿滿的都是響亮單調的「嘰⋯⋯」，有如日夜不息的耳鳴，只是被放大了好幾倍。

　　那真是一個令人難忘的奇觀！在黑暗的土裡孵養了十七年的幼蟬，終於長大成熟，在夜裡紛紛破土而出。包括伊利諾州北部，瀕臨密西根湖的印第安那州北部，以及密西根和威斯康辛州的一部分，幾百平方哩的土地上，竟擠滿了多達五十億隻蟬（幾乎是全世界人口的總和）！樹上，草地上，天空上，到處鋪滿了厚厚的一層。有些草

地，遠遠望去竟如一片移動的草坪。好在它們既不咬人，也不像蝗蟲般將農作物一掃而空，更不傳染疾病。它們來到世間的目的，似乎只是唱歌做愛產卵然後死亡，把生命循環的任務交給十七年後出現的下一代去接續。我曾寫了一首叫〈蟬曲〉的詩記其盛：

> 沒有高潮低潮主題副題
> 沒有大調小調快板慢板
> 沒有前奏後奏序曲尾曲
> 日日夜夜
> 就這麼眾口一聲地
> 嘰⋯⋯⋯⋯
>
> 整整等了十七個幽暗的年頭
> 才等來這短短生命的
> 春天
> 不，夏天秋天以及
> 迅速掩至的，啊，冬天！
> 當然要把生命裡所有的
> 悲歡離合陰晴圓缺功過得失
> 成敗興亡冷暖枯榮酸甜苦辣

濃縮成一首

緊管密弦沒有休止符的

第無交響曲

一口氣吐出

讓所有的耳朵

都有一個

日夜轟響的耳鳴

去劃亮

漫漫十七年的孤寂…………

　　這種十七年才得一見的蟬真是一種神秘的昆蟲，幼蟲要在土中孵育十七年才成形。這可能是昆蟲中生命週期最長的一種。十七年的週期目前還沒有科學的解釋。一般的說法是為了逃避天敵（多數天敵的生命週期都是一，二，三，五。十七不是這些數字的倍數，不會和天敵的週期同步），以保存物種。蟬季通常在5月下旬開始，成形的蟬在午夜時分紛紛從土中爬上地面，在天明時羽翼便已堅實，雄蟬可振翅（其實是鼓腹）高歌，吸引異性，交尾產卵後死去。將近一個月的時間，人們談論的都是蟬蟬蟬。商店有「蟬特賣」，學校舉辦特別的「蟬遠足」，有些飯店的菜單上增添了「酥炸蟬」給那些敢於一試的

食客。密西根湖上的海鷗更趁機飛到內陸大快朵頤。戶外音樂會不得不暫時移到室內，一隻求愛的雄蟬的音量高達九十分貝，比一部汽油發動的剪草機的聲音還要來得大。

　　2007年夏天的蟬季同樣壯觀，蟬聲也同樣響亮，但在癡長了一蟬季的我聽來，又別有一番滋味與感受：

　　　　又一個芝加哥蟬季

　　　　不容你有片刻的懷疑
　　　　上帝造耳朵
　　　　就是為了聽這一場
　　　　熱烈精彩的生命大辯論

　　　　黑暗土中十七年孵化的漫漫孤寂
　　　　天日下短短幾天卻無止無盡的歡喜

　　　　孤寂孤寂孤寂
　　　　歡喜歡喜歡喜

　　　　孤寂歡喜孤寂歡喜
　　　　寂-喜-寂--

　　　　嘰……

釀旅人14　PE0074

 大肩膀城市芝加哥

作　　　者	非　馬
攝　　　影	非　馬、楊美玲
責任編輯	蔡曉雯
圖文排版	賴英珍
封面設計	王嵩賀

出版策劃	釀出版
製作發行	秀威資訊科技股份有限公司
	114 台北市內湖區瑞光路76巷65號1樓
	電話：+886-2-2796-3638　傳真：+886-2-2796-1377
	服務信箱：service@showwe.com.tw
	http://www.showwe.com.tw
郵政劃撥	19563868　戶名：秀威資訊科技股份有限公司
展售門市	國家書店【松江門市】
	104 台北市中山區松江路209號1樓
	電話：+886-2-2518-0207　傳真：+886-2-2518-0778
網路訂購	秀威網路書店：http://www.bodbooks.com.tw
	國家網路書店：http://www.govbooks.com.tw
法律顧問	毛國樑　律師
總經銷	聯合發行股份有限公司
	231新北市新店區寶橋路235巷6弄6號4F
	電話：+886-2-2917-8022　傳真：+886-2-2915-6275

出版日期	2014年12月　BOD一版
定　　價	340元

國家圖書館出版品預行編目

大肩膀城市芝加哥 / 非馬著. -- 一版. -- 臺北市：釀出
版, 2014.12
　　面；　公分. --(釀旅人；PE0074)
BOD版
ISBN 978-986-5696-54-2(平裝)

1. 旅遊文學　2. 美國芝加哥

752.74319　　　　　　　　　　　　103020748

讀者回函卡

感謝您購買本書，為提升服務品質，請填妥以下資料，將讀者回函卡直接寄回或傳真本公司，收到您的寶貴意見後，我們會收藏記錄及檢討，謝謝！
如您需要了解本公司最新出版書目、購書優惠或企劃活動，歡迎您上網查詢或下載相關資料：http:// www.showwe.com.tw

您購買的書名：＿＿＿＿＿＿＿＿＿＿＿＿＿＿＿＿＿＿＿＿＿＿＿＿

出生日期：＿＿＿＿＿＿年＿＿＿＿＿＿月＿＿＿＿＿＿日

學歷：□高中 (含) 以下　　□大專　　□研究所 (含) 以上

職業：□製造業　□金融業　□資訊業　□軍警　□傳播業　□自由業
　　　□服務業　□公務員　□教職　　□學生　□家管　　□其它＿＿＿

購書地點：□網路書店　□實體書店　□書展　□郵購　□贈閱　□其他

您從何得知本書的消息？

　□網路書店　□實體書店　□網路搜尋　□電子報　□書訊　□雜誌
　□傳播媒體　□親友推薦　□網站推薦　□部落格　□其他＿＿＿＿＿＿

您對本書的評價：(請填代號　1.非常滿意　2.滿意　3.尚可　4.再改進)

　封面設計＿＿＿　版面編排＿＿＿　內容＿＿＿　文／譯筆＿＿＿　價格＿＿＿

讀完書後您覺得：

　□很有收穫　□有收穫　□收穫不多　□沒收穫

對我們的建議：＿＿＿＿＿＿＿＿＿＿＿＿＿＿＿＿＿＿＿＿＿＿＿＿

＿＿＿＿＿＿＿＿＿＿＿＿＿＿＿＿＿＿＿＿＿＿＿＿＿＿＿＿＿＿＿

＿＿＿＿＿＿＿＿＿＿＿＿＿＿＿＿＿＿＿＿＿＿＿＿＿＿＿＿＿＿＿

＿＿＿＿＿＿＿＿＿＿＿＿＿＿＿＿＿＿＿＿＿＿＿＿＿＿＿＿＿＿＿

11466
台北市內湖區瑞光路 76 巷 65 號 1 樓
秀威資訊科技股份有限公司　　　收
BOD 數位出版事業部

⋯⋯⋯⋯⋯⋯⋯⋯⋯⋯⋯⋯⋯⋯⋯⋯⋯⋯⋯⋯⋯⋯⋯⋯⋯⋯

（請沿線對折寄回，謝謝！）

姓　　名：＿＿＿＿＿＿＿＿　年齡：＿＿＿＿　性別：□女　□男

郵遞區號：□□□□□

地　　址：＿＿＿＿＿＿＿＿＿＿＿＿＿＿＿＿＿＿＿＿＿＿＿＿＿

聯絡電話：(日)＿＿＿＿＿＿＿＿＿＿　(夜)＿＿＿＿＿＿＿＿＿＿＿

E-mail：＿＿＿＿＿＿＿＿＿＿＿＿＿＿＿＿＿＿＿＿＿＿＿＿＿＿＿